Secrets of Brand Aura

브랜드 아우라의 비밀

Secrets of Brand Aura

A

브랜드 아우라의 비밀

서용구

서울경제경영

A
E
D
I

PREFACE

머리말

2009년에 들어와서야 진정한 〈21세기〉가 본격적으로 시작된 것 같습니다.

미국 흑인 대통령의 등장, 월 스트리트로 대변되는 '탐욕적 자본주의' 의 붕괴, 지구 온난화와 전 지구적 환경문제, 다모작 인생과 1인 기업의 성장…… 20세기 논리로는 도저히 설명할 수 없는 이 같은 세계 변화는 20세기가 '대량 생산' 과 '물적 자본 축적' 의 시대였다면 〈21세기〉는 '브랜드' 와 '문화' , '정신적 가치' 가 보다 중요시되는 시대가 될 것으로 보입니다.

'21세기 시장' 에서는 기업이 생존하기 위한 기술(T)-상품(P)-마케팅(M) 의 연결 사슬에서 점점 더 마케팅이 중요해지고 있습니다. 2006년 출간된 〈보이지 않는 기업 성장 엔진〉(삼성경제연구소)에서 필자가 주장한 것처럼 무형의 마케팅 자산 〈디자인(Design)-브랜드(Brand)-명성(Reputation)〉 관리가 중요합니다. 그러나 대한민국의 개인, 기업, 조직, 지방자치단체는 불행히도 '기술力' 과 '상품力' 에 비하여 '마케팅力' 이 형편없습니다. 이는 눈에 보이는 것만을 중시하여 '디자인' 과 '브랜딩' 의 가치를 평가 절하하기 때문입니다. 그 결과 '국가 브랜드 가치' 도 크게 디스카운트 되고 있고, 세계 일류 브랜드로 성장할 수 있는 많은 상품들이 잠재력을 발휘하지 못하고 있습니다. 본서는 이 같은 현실에서 독자 여러분의 마케팅力을 조금이라도 강화할 수 있기를 희망하는 마음에서 집필되었습니다.

1부 〈브랜드 해설〉은 브랜드에 관한 개념 요약 Executive Summary 으로 브랜드에 관한 수십 개의 논문과 수십 권의 책을 간략히 요약했다고 생각하시면 되겠습니다. 2부는 필자의 〈브랜드 아우라 이론〉을 4개 장에 걸쳐 기술하고 있습니다. 아우라를 구축하는 네 가지 단계는 I(아이덴티티)-D(차별화)-E(감성화)-A(아우라)로 축약되어 IDEA로 정리할 수 있는데 각 단계의 의의와 실행 전략을 체계적으로 정리하고, 선진 사례를 통하여 어떻게 우리 기업, 우리 조직에서 활용할 수 있는지를 생각해 보도록 기술하였습니다. 부디 독자 여러분들의 개성 구축과 아우라 빌딩에 일조할 수 있기를 기대해 봅니다.

마지막으로 이 자리를 빌어서 표지 디자인을 만들어주신 〈이모션 브랜드〉의 차재헌 대표, 필자의 캐랙터를 개발해 주신 〈경민대학〉 카툰 애니매이션과 김상돈 교수, 그리고 사례 개발에 일조한 〈숙대〉 구인경 박사, 안세라, 이선정, 곽지현 조교 그리고 열정과 서번트 리더십으로 스피드 출판을 가능케 해주신 〈서울경제경영〉 김은중 대표께 깊은 감사를 드립니다.

〈21세기〉가 진짜 시작되는 2009년 봄

청파동 숙대 연구실에서 저자

브랜드 아우라의 비밀

CONTENTS

Chapter 01 브랜드

1.1 브랜드란 도대체 무엇인가?

1.2 브랜드의 구성 요소

Chapter 02 브랜드 가치

2.1 브랜드 가치_Brand Equity

2.2 브랜드 가치_Brand Equity 모형

Chapter 03 아이덴티티

3.1 브랜드 아이덴티티_Brand Identity

3.2 아이덴티티 구축 프로세스

Chapter 04 차별화

4.1 이미지 차별화 프로세스

4.2 브랜드 이미지 유형별 차별화 전략

CONTENTS

Chapter 05 감성화

5.1 개성 구축을 통한 관계 향상

5.2 감성 버튼을 통한 관계 구축

Chapter 06 아우라

6.1 브랜드 스토리

6.2 오감 만족을 통한 호스피탈리티 창조

Appendix 브랜드 아우라 모형

CONTENTS

목 차

Secrets of Brand Aura

1부 브랜드 해설

CHAPTER 01 브랜드 · 23

1.1 》 브랜드란 도대체 무엇인가? ………………… 25

1.2 》 브랜드의 구성 요소 ………………………… 28

1) 브랜드 네임(Brand Name) • 30

2) 로고와 심벌 • 33

3) 캐릭터(Character), 슬로건(Slogan), 아바타 (Avatar) • 36

4) 징글 & 패키지 • 41

5) 브랜드의 목소리, 타이포 • 43

6) 브랜드의 감성, 칼라 • 45

▶ Chapter Summary 1장 요약 • 47

CHAPTER 02 브랜드 가치 • 49

2.1 》 브랜드 가치_Brand Equity 51

1) 브랜드 가치와 시장성과 • 53

2) 브랜드 가치와 평가시스템 • 56

3) 주요 브랜드 가치 평가 방법 • 59

2.2 》 브랜드 가치 모형 66

1) 아커 Aaker(1992)의 브랜드 가치 모형 • 66

2) Kirmani & Zeithaml(1993)의 브랜드 가치 모형 · **68**

3) Keller(2002)의 브랜드 가치 모형 · **69**

4) Suh(2008)의 브랜드 가치 모형 · **72**

▶ Chapter Summary 2장 요약 · **75**

Secrets of **Brand** Aura

2부 브랜드 아우라 빌딩

CHAPTER 03 아이덴티티 · 79

3.1 》 브랜드 아이덴티티_Brand Identity **81**

1) 개인과 국가 아이덴티티 · **81**

2) 기업 브랜드 아이덴티티 · **83**

3) 기업 브랜드와 제품 브랜드 아이덴티티 · **88**

Case 01 프리쉬 빅 보이Frisch's Big Boy Restaurant · **90**

Case 02 웅진 윤석금 회장 • 91

3.2 》 브랜드 아이덴티티 구축 프로세스 93

1) 아이덴티티의 명문화 • 93

2) 브랜드 개성_Brand Personality의 구축 • 96

3) 브랜드 칼라 정체성 구축 • 100

▶ Chapter Summary 3장 요약 • 103

CHAPTER 04 차별화 • 107

4.1 》 이미지 차별화 프로세스 109

1) 브랜드 인지도 • 110

2) 브랜드 친숙도 • 113

3) 브랜드 선호도 • 113

4) 브랜드 충성도 • 114

Case 03 빅토리아 시크릿_Victoria's Secret • 118

Case 04 나이키_NIKE • 119

4.2 》 브랜드 이미지 유형별 차별화 전략 ········· 120
1) 기능적 브랜드 이미지 · 120
Case 05 맥도날드_McDonald's · 122
Case 06 더 노스페이스_THE NORTH FACE · 124
2) 상징적 브랜드 이미지 · 126
Case 07 조르지오 아르마니_Giorgio Armani · 128
3) 경험적 브랜드 이미지 · 130
Case 08 해병대 캠프 · 132
▶ Chapter Summary 4장 요약 · 135

CHAPTER 05 감성화 · 137

5.1 》 개성 구축을 통한 관계 향상 ················ 141
1) 브랜드 개성과 자아동일시 · 142
2) 자아동일시와 관계 만족도 · 144
3) 관계 만족도와 브랜드 충성도 · 145

Case 09 재규어_Jaguar • 147

Case 10 엡솔루트 보드카_Absolut Vodca • 148

Case 11 베네통_BENETTON • 150

5.2 》 감성 버튼을 통한 관계 구축 152

1) 향수 버튼 • 152

Case 12 앨비스 프레슬리_Elvis Presley • 157

Case 13 하드락 카페_Hard Rock Cafe • 159

2) 희망 버튼 • 161

Case 14 버진그룹_Virgin Group • 166

Case 15 디즈니_Disney • 167

Case 16 아베다_AVEDA • 168

3) 사랑 버튼 • 170

Case 17 홀마크 카드_Hallmark Cards • 176

Case 18 밴앤제리_Ben & Jerry • 177

▶ Chapter Summary 5장 요약 • 179

CHAPTER 06 아우라 · 181

6.1 》 브랜드 스토리 188

1) 브랜드 역사_Brand History · 189

2) 브랜드 스토리_Brand Story · 191

Case 19 BMW · 195

Case 20 현대중공업 · 197

Case 21 할리데이비슨과 본 빌스_Harley Davidson & Von Bills · 199

6.2 》 오감 만족을 통한 호스피탈리티 창조 201

1) 시각 · 202

2) 후각 · 204

3) 청각 · 206

4) 미각 · 208

5) 촉각 · 209

Case 22 티파니_Tiffany · 211

Case 23 롤스로이스_Rolls-Royce · 213

Case 24 뱅앤 올룹슨_Bang-Olufsen • 215

Case 25 싱가폴 항공_Singapore Airlines • 216

▶ Chapter Summary 6장 요약 • 219

Appendix 브랜드 아우라 모형 221

참고문헌 • 235

A
E
D
I

Secrets of Brand Aura

브 랜 드 아 우 라 의 비 밀

브랜드 해설

Chapter 01 브랜드
Chapter 02 브랜드 가치

PART 1

CHAPTER 01

브랜드

1.1 브랜드란 도대체 무엇인가?

1.2 브랜드의 구성 요소

Products are created in the factory. Brands are created in the mind.

-Walter Landor, Founder, Landor Associates

Secrets of Brand Aura 브랜드 아우라의 비밀

A
E
D
I

01 브랜드

1.1 >> 브랜드란 도대체 무엇인가?

1988년 다국적 기업 필립 모리스Philip Morris PHILIP MORRIS ČR 가 미국의 유명 식품회사인 크래프트Kraft KRAFT 사를 인수하면서 장부가격의 6배에 해당하는 130억 달러를 지급하면서 자신들은 기업이 아니라 '크래프트' 라는 브랜드를 구매하였다는 사실을 강조하였다. 이는 오늘날 기업의 대표적인 무형 자산으로 불리는 브랜드Brand가 얼마나 가치가 있는가를 보여준 대표적인 사례들 중 하나이다.

우리나라에서도 1998년 다국적 기업 한국 존슨이 '삼성제약' 을 M & A 하면서 살충제 브랜드인 '에프킬라' 에프킬라 브랜드에 대한 가치를 297억 원으로 평가한 바 있다. 당시 삼성제약의 공장설비 등 기업 평가 금액이 당시 고작 90억원에 불과했던 점을 감안할 때 한국 존슨사 Johnson&Johnson 는 무형자산인 '에프킬라' 라는 브랜드 가치를 실물 자산 가치보다 3배나 높게 평가했던 것이다. 지난

30여년 이와 같은 인수합병 사례들을 계속 접하면서 눈에 보이지 않고, 손에 잡히지는 않지만 엄청난 가치를 가지고 있는 브랜드에 대한 사회적, 경제적 관심이 꾸준히 증가하고 있다. 저명한 광고학자 래리 라이트Larry Light는 21세기 기업 경쟁은 '공장'이 아니라 '시장'을 차지하기 위한 싸움이며 시장 즉 소비자 마음에 있는 것이 '브랜드'라는 유명한 말을 남겼다. 〈富〉랜드로 가기 위해서는 〈브랜드〉를 키워야 한다는 농담이 CEO들 사이에서 유행하고 있을 정도이다. 그러나 제품 정보는 넘치고 국내외간 그리고 제조업체, 유통업체 브랜드간 경쟁이 격화되고 있고, 고객들의 성향과 수준이 점점 세련되어지면서 기존의 브랜드 관리 방식은 큰 도전에 직면하고 있다. 특히 21세기 선진국 경제가 '경험 경제Experience Economy'로 진화 발전되면서 '브랜드'에 대한 새로운 관리의 틀이 절실히 필요해지고 있다.

브랜드란 과거 단순히 제품을 표시하는 '상표' 정도로 인식되었다. 그러나 1998년 경제위기를 거치면서 기업의 외자유치나 인수, 합병을 통한 거래의 대상이 되었고, 기업간 브랜드간 극심한 마케팅 경쟁 그리고 소비자들이 글로벌 브랜드들을 인지하게 되면서 이제는 기업의 핵심 자산으로 인식이 전환되었다. 공급 초과인 시장일수록 마케팅과 브랜드는 그 중요성이 더욱 커지게 된다. 따라서 브랜드의 개념과 활용도 영리기업에서는 물론이고 투자와 방문객을 유치해야 하는 모든 국가와 도시, 지방자치단체 그리고 특정 상권과 매장을 포괄하는 플레이스place 분야로 급속히 확대되고 있는 추세이다.

세계적인 명성을 가진 브랜드 컨설팅사 인터브랜드Interbrand **Interbrand**가 매년 발표하는 브랜드 가치 평가를 보면 우리 나라 주요 기업의 브랜드 가치가 크게 신장하고 있음을 알 수 있다. 2007년 평가에서 삼성전자 SAMSUNG, 현대자동차 HYUNDAI, LG LG등 소위 대한민국 빅3 브랜드가 인터브랜드 평가 세계 브랜드 상위 100위에 모두 랭크되었다.

대한민국 1위 기업 브랜드인 삼성전자는 세계 랭킹 21위에 랭크되면서 25위에 오른 오랜 명성을 가진 일본 대표 기업 소니 SONY 보다 4단계나 높았고, 현대자동차 HYUNDAI 와 LG LG는 2005년 이후 세계 100대 브랜드에 진입하였다. 72위에 랭크된 현대자동차는 92위인 렉서스Lexus LEXUS 보다 앞서있고, 97위인 LG는 98위인 닛산자동차 NISSAN 보다 브랜드 가치가 높게 평가되고 있다. 3개의 한국 대표 기업들의 기업 브랜드 가치는 이제 세계적으로 프리미어 리거 급으로 성장했음을 알 수 있다.

필자는 20년 후 2030년 대한민국이 자타가 인정하는 세계 일류 경제권에 진입하기 위해서는 세계 100대 기업 브랜드 리스트에 3개가 아닌 10개의 대한민국 브랜드가 진입할 수 있어야 한다고 본다.

그리고 동시에 최소한 100개 이상의 소위 글로벌 '아우라 브랜드' 를 보유하고 있어야 한다. 아우라 브랜드를 구축하기 위해서는 최소 30년 즉 한세대가 필요하므로(6장 참조) 2009년 현재 시점에서 우리는 10년 이상 시장에서 생존한 브랜드들 중에서 유망 브랜드를 집중 육성하여야 이 목표 달성이 가능해진다. 21세기 한 국가의 富는 공장의 수와 유형 자산의 크기 보다는 그 나라가 보유한 아우라 브랜드 수에 의하여 결정될 것이 확실하기 때문이다.

1.2 >> 브랜드의 구성 요소

소비자 입장에서 보면 브랜드란 선택할 만한 '가치value' 를 제공하는 가장 큰 준거 기준이라 할 수 있다. 현재 선진국 대부분의 소비재 시장은 제품의 기능적 차별성이 거의 없어져 가고 유사 제품이 범람하는 공급 과잉시장이다. 이런 상황에서 브랜드는 소비자에게 구매 욕구를 유발하는 어떤 가치를 제공해 준다. 세계 유명 명품과 프리미엄 브랜드에 대한 세계 중산층 소비자들의 열광과 집착에서 볼 수 있듯이 브랜드란 소비자에게 자기 만족을 제공하고 사회적 위신을 대리적으로 표현해주는 수단이 되고 있다. 이처럼 브랜드는 21세기 소비자에게 기능적 만족뿐 아니라 사회, 문화적 관계 차원에서도 자신과 자기 소비에 대한 확신을 제공해주는 보증서 역할을 해주면서 새로운 가치를 만들어 주고 있다.

브랜드가 성장하여 프리미엄과 명성이 생기면 매니아 고객이 생기고 반복구매가 발생하면서 고객 충성도가 증가하게 된다. 명성Reputation을 구축하게 되면 브랜드 가격이 인상되더라도 소비자는 덜 민감하게 반응하며 매니아 고객의 추천으로 신규 고객 수도 꾸준히 늘어나게 된다. 그리고 지역사회와 잠재 투자자를 포함한 모든 이해 관계자들과의 관계에서 정보력과 영향력이 커지고 궁극적으로는 아우라aura가 발생하면 모든 기업 활동에서 브랜드 소유자를 유리한 고지에 위치시켜주는 것이다. 따라서 한마디로 브랜드는 소비자에게 가치를 제공하고, 기업에는 이익을 만들어주고, 추가적인 브랜드 확장 기회를 제공하여 지속적으로 기업 가치를 상승시켜주는 촉매 또는 도우미 역할을 수행하고 있다.

이상 브랜드의 역할과 중요성을 기술하였다. 그럼에도 불구하고 도대체 브랜드란 무엇인가? 라는 질문에 독자들은 선뜻 대답하기 힘들 것이다. 왜냐하면 브랜드란 상품이름과 기업명 그 이상의 무엇을 말하기 때문이다. 이제부터 브랜드를 구성하는 여섯 가지 구성요소들을 하나씩 살펴보기로 한다. 브랜드 요소Brand Elements란 브랜드로 규정하고 상표로 등록할 수 있는 수단을 말하는데 이들은 브랜드 네임, 로고와 심벌, 캐릭터, 슬로건과 아바타, 징글 이라는 음향효과와 패키지, 그리고 타이포와 칼라 등으로 구성되어 있다.

1) 브랜드 네임_Brand Name

브랜드 네임은 간결하면서도 해당 제품의 존재와 원산지의 주요 특징을 나타낼 수 있는 브랜드의 핵심 요소이며 브랜드 네이밍이란 브랜드 네임을 결정하는 과정을 말한다.

① 브랜드 네임의 중요성

브랜드 네임은 최우선적으로 발음하기 쉽고 사용하기 쉬워야 한다. 대표적인 사례로 '다시다 **다시다**' 를 들 수 있다. 우리의 국민 어머니인 김혜자와 함께 떠오르는 우리나라 대표 조미료 '다시다' 는 '입맛을 다시다' 에서 기원하여 그 발음이 쉬울 뿐만 아니라 그 제품의 특징이 잘 살아있다. 다시다는 이 같은 효과적인 네임에 힘입어 출시 당시 조미료 시장의 1등 브랜드 였던 '미원 **미원**' 을 누르고 현재까지 가장 대표적인 조미료 브랜드로 자리 잡고 있다. 발음의 용이성과 더불어 브랜드 네임은 친숙하고 사용하기 쉬워야 한다. 한국 최초의 4륜 구동차인 Korando ***Korando*** 를 보자. 'Koreans Can Do' 라는 문장을 줄여서 추출한 조어 Korando는 의미도 좋을 뿐 아니라 재미있고 친숙하게 느껴진다는 점에서도 우수한 브랜드 네임사례로 평가할 수 있다.

이처럼 개성 있고 독특한 브랜드 네임은 소비자들이 그 브랜드를 용이하게 기억하는 것을 도와준다. 친환경적 프리미엄 아파트하면 생각나는 아파트 브랜드 대우 건설의 '푸르지오 ' 를 생각해보자. '푸르다' 와 '~지요' 라는 리듬감 있는 접미사를 더해 창의적이고 차별적인 브랜드 네임을 만들었다. 이처럼 차별화되고 기억용이성이 높은 브랜드 네임은 아파트 브랜드 시장이 만들어지고 있는 초기 주요 목표 소비자인 주부들에게 대우건설 아파트를 각인시키는데 큰 역할을 한 것으로 평가된다. 한편 브랜드 네임은 그 브랜드가 추구하는 핵심 요소를 쉽게 연상하게 만들 수 있어야 한다. 만년 1위 맥주 브랜드였던 OB맥주 를 밀어내고 1위에 등극한 하이트 맥주 Hite 를 생각해 보자. 지하 100미터에서 끌어올린 암반수 100%로 만든 시원하고 경쾌한 맥주의 성격을 그대로 반영한 '하이트Hite' 라는 브랜드 네임은 국민 맥주로 오랫동안 사랑받아왔던 OB맥주를 단숨에 2위로 밀어낼 수 있는 힘이 되었다.

② 브랜드 네임은 어떤 과정을 거쳐 만들어 지는가?

브랜드 네임은 먼저 브랜딩 대상에 대하여 기초 연구를 한 후 가능한 많은 네임과 컨셉을 만들어 내야 한다. 이후 내부적으로는 회사의 경영진과 해당 팀원들 그리고 소매업체드을 포함하여 현재 혹은 잠재 고객들, 외부적으로는 네이밍을 전문적으로 하는 광고 대행사, 네임 컨설턴트 또는 네이밍 회사 등을 대상으로 제품에 가장 적합한 브랜드 네임 리스트를 1차적으로 선정한다. 이러한 단계를 거치면서 수십 개 혹은 수백 개의 가상 브랜드 네임들을 십여 개로 줄여서 1차적으로 추출되게 된다. 다음 단계에서는 1차 브랜드 네임 리스트 중에서 아래 기준들에 의하여 2차 선별 과정을 거치게 된다. 예를 들면 의도하지 않은 이중 의미를 가지고 있는지, 분명하게 발음하기가 어려운 경우, 이미 사용 중이거나 기존 사용되는 타 회사 브랜드명과 유사한 이름들, 법적으로 문제가 있는 이름, 우리 회사 포지셔닝 전략과 적합하지 않은 이름들을 제거하게 된다. 마지막 세 번째 단계에서는 후보 리스트를 5개 이하로 좁히기 위해서 경영진 및 마케팅 책임자들과 심층 회의를 하게 된다. 동시에 법적 등록시 잠재적 문제가 있는지를 확인 가려내기 위해서 심층 검색이 행해진다.

결국 이들 3~5개의 최종 후보안에 대해서 간단한 소비자 조사와 국제 법률조사를 해야 한다. 이 과정에서 해외 진출을 고려하고 있거나 글로벌 기업의 경우에는 해당 시장에서의 브랜드 네임 인식에 부정적인 이미지가 있는지 그리고 현지 기업과의 법률적 충돌을 사전에 검토해야 한다. 최종 후보를 선택하기 위해서 후보 대안의 기억 용이성과 유의미성, 의미 함축성 등을 평가하기 위한 소비자 조사도 필요하다. 결국 이상 3단계 과정을 통과한 최종안을 최고경영진이 택일하게 되며 이후 이 브랜드 네임을 공식적으로 등록하고 발표하면서 브랜드 네이밍 과정은 종료된다.

③ 우수한 브랜드 네임의 5가지 조건

좋은 브랜드 네임이 되기 위한 최우선 조건은 기억 용이성

memorability이다. 기억 용이성이란 소비자가 구매시점에서 해당 브랜드를 얼마나 잘 상기recall시키고 재인recogn-ition)을 용이하게 만들 수 있는 지 그 가능성을 말한다. 둘째, 브랜드 네임은 그 브랜드만이 제공할 수 있는 고유 특성을 전달해야 하는 의미 전달력meaningfulness이 있어야 한다. 셋째, 브랜드 네임은 차후에 행해질 브랜드 확장에 있어서도 유용하게 사용될 수 있도록 가능한 전환 가능성transferability을 가져야 한다. 넷째, 물론 시간이 흘러도 소비자들의 가치와 라이프 스타일을 계속 반영할 수 있는 적용 가능성adaptability도 가지고 있어야 할 것이다. 다섯째, 마지막으로 브랜드 네임의 고유성을 보장하고 경쟁사 모방을 방지하기 위해 높은 법적 보호가능성protectability을 확보할 수 있어야 하겠다.

2) 로고와 심벌

로고와 심벌Logo & Symbol은 브랜드를 시각적으로 보여주는 요소들이다. 로고와 심벌은 브랜드를 시각적으로 보여주는 요소라는 점에 있어서는 공통되지만 아래와 같은 차이점이 있다.

우선 로고logo는 브랜드 네임을 다른 사람들이 쉽게 또는 오래 기억할 수 있도록 구성한 독특한 글자체이다. 특정 브랜드를 표현하기 위한 고유의 글자체라고 할 수 있다. 한편 심벌은 글자체에 국한된 것이 아니며 특정한 회사라든지 상표명 등을 나타내는 종합적인 상징체계를 뜻한다. 예를 들어 일본의 산리오사 Sanrio 의 헬로 키티 Hello Kitty 의 경우를 보자. '' 라는 핑크나 레드의 필기체나 통통한 글자체는 로고이고 원피스 차림에 핑크나 빨강 리본은 머리에 달고 있는 고양이는 심벌이다.

우수한 로고와 심벌은 다음과 같은 조건을 충족시키고 있어야 한다. 첫째, 로고와 심벌은 융통성이 있어야 한다. 로고는 비언어적인 요소이기 때문에 시간을 초월하여 새로워질 수 있고 문화를 초월하여 널리 통용될 수 있다. 또한 로고는 제품과 관련 없는 추상적인 이미지로 형상화 되어 사용되기 때문에 여러 제품군에 적용이 가능하다. 예를 들어 기업 브랜드가 일반적으로 서브 브랜드를 보증하기 위한 수단으로 로고를 개발하는 경우가 많다. 이 같은 경우 기업이 브랜드 로고를 설정하는 것은 보증 이외에도 광범위한 제품들을 포괄하는 광의의 아이덴티티임을 알 수 있다.

둘째, 로고는 추상적이어야 한다. 브랜드 네임의 전체적인 사용이 제한적일 경우 추상적인 로고가 오히려 유용해질 수 있다. 이는 로고에서 '추상성' 이 얼마나 중요한지를 말해 준다. 예를 들면 세계 최고 검색엔진 구글의 경우, 검색엔진이라는 제품의 특성상 구글 Google 이라는 브랜드 네임을 사용하는데 있어 여러모로 제한적이다. 또한 제품의 특성상 브랜드 네임이 묻혀버릴 수 있는 위험도 있다. 이에 구글은 자신의 검색엔진 초기 화면에 구글이라는 로고와 검색창

만을 띄우는 방식을 택했다. 이는 무형적인 서비스 제품을 제공하는 구글의 브랜드 네임의 가치를 높이는데 크게 기여했고 그와 더불어 유명인의 생일 이나 공휴일 을 기념하는 고유 로고의 개발을 통해 소비자들로 하여금 브랜드 네임을 더 인상 깊게 각인시킬 수 있었다.

셋째, 로고는 조화로움을 가지고 있어야 한다. 특정 산업에서 특정 유형의 로고를 사용해야 하는 규칙은 아직 없지만 일반적인 가이드 라인은 존재한다. 하이테크 산업에서는 혁신적인 이미지를 만들기 위해 각이 있고 조각 같은 로고를, 서비스 산업 에서는 창조적이고 친화적인 이미지를 만들기 위해 원만하고 원형 이미지를 기반으로 로고를 만드는 경향이 있다.

로고와 심벌은 브랜드 네임과 제품을 소비자에게 쉽게 상기시킬 수 있도록 하는 것이 핵심 고려사항이다. 따라서 감각을 지배하는 시각적 요소인 로고와 심벌은 필수적으로 조화가 잘 이루어져야 한다. 소비자가 심벌이나 로고를 인지하였어도 실제 그 제품이나 브랜드와는 연결시키지 못한 채 서로 분리되어 인식될 수도 있는 부작용이 생길 수 있기 때문이다. 그러므로 브랜드 네임, 로고, 심벌과 같은 브랜드의 시각적 결과물들 간의 조화는 로고와 심벌 제작 및 리뉴얼시 가장 중요하게 고려해야 할 포인트이다.

3) 캐릭터_Character, 슬로건_Slogan, 아바타_Avatar

세 번째 브랜드 요소로는 최근 많이 강조되고 있는 캐릭터, 슬로건과 아바타를 들 수 있다.

① 브랜드 속의 상징의 미학, 캐릭터

캐릭터(Character)는 실생활에 보다 많이 활용하는 특별한 유형의 브랜드 심벌을 말하며브랜드 인지도를 구축하고 제품의 주요 장점을 전달하는 데 매우 유용하다. 예를 들어 닌텐도사 Nintendo 의 피카츄와 같이 인기 있는 캐릭터들은 캐릭터 자체의 라이센싱을 통해 직접적으로 수익을 창출하기도 한다. 그러나 기본적으로 캐릭터가 브랜드의 한 요소가 되는 이유는 '간접성' 을 가지고 있기 때문이다.

캐릭터 자체는 직접적 제품 의미를 보유하고 있지 않으므로 제품군을 넘어서 전이가 가능하다. 이 같은 이유로 브랜드 캐릭터는 종종 화려하고 이미지가 풍부한 경우가 많다. 외형적 화려함은 많은 브랜드 캐릭터들 사이에서 소비자들의 시선을 집중시켜 브랜드 인지도를 확보하기에 유리하기 때문이다. 또한 캐릭터는 제품의 장점을 커뮤니케이션 하는데 거부감이 적고 효과적인 수단이다 켈로그 Kellogg's 의 캐릭터인 호랑이 '토니' 의 경우를 보자. 켈로그의 메인 캐릭터인 토니는 주력 상품인 콘 프로스트 시리얼을 대표하는 캐릭터이다. 하지만 토니의 영향력은 매우

커서 주요 고객인 어린이들을 대상으로 해당 기업과는 관련도가 적은 다른 사업에도 적용이 가능하다고 할 수 있겠다.

브랜드 캐릭터를 사용하는 데에는 몇 가지 주의하여야 할 사항이 있다. 먼저 브랜드 캐릭터는 시선을 집중시키고 호감을 이끌어 내기 때문에 다른 브랜드 요소들을 지배하게 되고, 실제로는 브랜드가 캐릭터가 묻혀 버려서 브랜드 인지도를 낮추는 부작용이 발생할 가능성도 있다.

둘째, 캐릭터는 시대나 트렌드의 변화에 따라 그 이미지 와 특성이 목표시장에 적합하도록 계속해서 새롭게 리뉴얼 되어야 한다. 예를 들어 KFC KFC 의 커넬 할아버지의 경우, 1990년 후반에 이르면서 프라이드치킨 사업 특성상 비만 조장의 상징처럼 변하게 되었다. 이에 KFC는 캐릭터인 커넬 할아버지 상을 좀 더 날씬하게 리뉴얼하여 해당 브랜드에 대한 부정적인 시각을 축소시킬 수 있었다. 스타벅스의 경우에도 로고 안에 위치하고 있는 그리스 신화에 등장하는 목소리의 여신 싸이렌의 체형을 고객이 인지하는 못하는 수준에서 5번의 리뉴얼을 거쳐서 더욱 날씬하게 조정한바 있다. 대부분의 고객이 여성인 고객특성에 비추어 보면 '웰빙'과 '슬림'이라는 시대 추세에 맞추어 캐릭터를 수정하는 일도 매우 중요한 브랜딩 과제가 아닐 수 없다.

표 1.1 캐릭터 사례

기업명	캐릭터	
말보로(Marlboro)	말보로 맨 	서부 카우보이 모습의 캐릭터로 담배와 미국의 서부, 그리고 남성이라는 마초적인 이미지와 동시에 남성의 야성미를 표현하는 캐릭터이다.
미쉐린	미쉐린 맨 	1898년에 만들어진 캐릭터로 마치 온 몸을 흰색 타이어나 붕대로 몸을 칭칭 감고 있는 듯한 형태이다. 2007년에 '웰빙' 트렌드에 맞추어 날씬한 체형으로 수정되었다.

② 브랜드 구호: 슬로건

슬로건은 〈고향의 맛, 다시다〉라는 문구처럼 브랜드에 관해 설득력이 있을 뿐 아니라 브랜드의 핵심 정보를 전달해 주는 짧은 문구이다. 슬로건은 브랜드 이미지를 암시적으로 소비자의 기억 속에 포지셔닝 하는 방법으로 다이아몬드 대표 브랜드 드 비어스(De Beers)의 "Diamond is Forever"와 같이 잘 만들어진 슬로건의 가치는 해당 브랜드의 가치를 넘는 경우도 있을 수 있다.

슬로건은 압축된 문장으로 브랜드 네임을 표현하여 브

랜드 인지도를 높이는데 결정적으로 기여한다. 자동차 렌탈 기업 Avis의 "We try harder" 슬로건의 경우 더 열심히 하겠다는 의지가 담긴 슬로건을 통해 많은 소비자들로 하여금 2위 기업이지만 1위를 추격하는 성실한 기업이라는 이미지를 강하게 구축할 수 있었다.

또한 슬로건은 광고 캠페인과 밀접하게 연관되어 있으며, 광고 속에서 서술적이고 설득적인 정보를 한 문장으로 요약하는 도구로 사용된다. "It' s different" 라는 슬로건과 새로운 컨셉의 광고 캠페인을 통해 잘 알려진 핸드폰 브랜드 SKY의 경우나 "show를 하라" 라는 슬로건과 쇼(show)를 주제로 한 광고를 통해 성공적으로 론칭한 KTF KTF 의 Show, 에이스 침대 ACE 에이스침대 의 "침대는 과학이다" 등이 대표적인 브랜드 슬로건 사례들이다.

요약하면 슬로건은 그 자체만으로도 브랜드에 미치는 영향이 작지 않지만 광고 캠페인과 같은 마케팅 활동과 믹스하여 적절히 활용되었을 때 더욱 큰 성과를 낼 수 있는 강력한 브랜드 요소임을 알 수 있다.

③ 소비자와 브랜드의 교집합, 아바타_Avatar

가상사회에서 자신의 분신을 의미하는 시각적 이미지 아바타 avatar는 분신을 뜻하는 산스크리트어 '아바따라avataara' 에서 유래된 용어로 인터넷 채팅, 쇼핑몰, 온라인 게임 등에서 사용자의 역할을 대신하는 애니메이션 캐릭터이다.

표 1.2 브랜드 슬로건 대표사례

기업명		슬로건
나이키(Nike)		Just do it
HP		We invent
APPLE		Think Different
Disney		Come and live the magic
Nintendo		Feel everything
Coca-cola		Life tastes good
Yahoo		Do You Yahoo?
Harley-Davidson		It' s time to ride

21세기 들어와서 인터넷 기업과 인터넷 브랜드가 증가하면서 전환이 자유로운 가상세계에서 소비자로 하여금 높은 브랜드 충성도를 만들어내는 아바타의 역할이 점차 주목받고 있다. 인터넷 네트워크 브랜드인 싸이월드의 경우 '미니미'라는 아바타를 통해 사용자와의 감성적인 교감을 보다 높이고 있다.

또한 미니미를 위한 의상, 헤어, 소품 등의 미니미 전용 아이템을 통해 각자 희망 미니미를 만들게 하여 사용자들과의 관계성을 높이는 역할을 수행시키고 있다. 이와 같이 아바타는 기업에 의해서 일방적으로 확정되는 캐릭터나 심벌과는 달리 사용자 고객 자신의 손으로 구축할 수 있는 브랜드 요소라는 점에서 고객가치와 창의성이 높은 브랜드 요소라고 할 수 있다.

4) 징글 & 패키지

① 입에서 흥얼거리는 징글

CM송으로도 잘 알려진 징글(Jingle)은 브랜드에 관하여 사용된 음악적 메시지 즉 리듬감을 가진 음악 슬로건이다. 징글은 그 음악적 표현의 한계로 다른 브랜드 요소들만큼 전이성은 없다. 그러나 징글을 통하여 브랜드에 관해 떠오르는 잠재적 연상은 소비자에게 브랜드에 대한 인지도를 높이는데 중요한 역할을 할 수 있다.

따라서 마케터들은 재치 있고 재미있는 방식으로 브랜드 네임을 반복하여, 소비자들이 브랜드 네임을 무의식적으로 반복할 수 있는 징글을 만들기 위해 많은 시간을 투자하고 있다. 즉 외우기 쉬운 징글의 특성을 이용하여 소비자들은 광고를 보거나 들은 후에도 징글을 마음속으로 복창하거나 반복하게 되는데, 이는 소비자들로 하여금 부가적인 암호화의 기회를 제공한다고 보는 것이다. 예를 들어 SK 텔레콤 의 팅(Ting)서비스 징글의 경우, 상큼한 리듬과 톡톡 튀는 브랜드 네임의 조화를 통해 청소년들을 상대로 한 서비스의 특성을 잘 살려내고 있다.

징글 활용에 관한 최근 추세는 소비자들이 참여하는 UCC 트렌드를 믹스하여 브랜드 슬로건 뿐만 아니라 핵심 메시지를 쉽게 접목시킬 수 있는 형태로 진화하고 있다. SK텔레콤의 "T송"은 광고 속의 모델 장동건의 목소리를 통해 처음 방송된 후, 여러 가지 버전을 선보임과 동시에 각종 UCC 서비스들을 통해 고객들 특유의 "T송"을 통해 유행처럼 확산된 바 있다.

② 브랜드의 옷, 패키지

패키지(Package)는 제품의 옷이라고 할 수 있는 용기와 포장을 디자인하고 만들어 내는 활동을 말한다. 패키지는 기원전 2000년 전 이집트의 유리그릇 포장과 프랑스 왕 나폴레옹이 음식을 보관하는 보다 좋은 방법으로 개발한 진공 패키지 등등 긴 역사를 가지고 있다.

소비자 입장에서 보면 패키지를 통해 브랜드를 확인할 수 있고, 서술적이며 설득적인 정보를 전달받을 수 있다. 더불어 제품 수송 및 보호를 용이하게 할 수 있고, 가정에서 손쉽게 보관할 수 있는 효과가 있다. 기업은 브랜드 네임과 슬로건 등 브랜드 이미지를 '패키지' 라고 하는 고정되고 가시적인 형상 안에 담아 보다 효과적으로 전달할 수 있다.

쇼핑백과 같은 패키지의 경우, 헐리웃 파파라치 사진 확산등과 새로운 패션의 등장으로 그 유용성이 점차 커지고 있다. 이제는 쇼핑백이 단순히 일시적인 패키지 역할 뿐 아니라 지속적이고 무차별적으로 일상생활에서 브랜드 네임을 노출시킬 수 있는 PPL(Product Placement)요소로 그 가치가 더 높아지고 있기 때문이다. 프리미엄 브랜드의 성장과 더불어 향후 패키지의 중요성은 더욱 강조될 것으로 보인다.

5) 브랜드의 목소리, 타이포

타이포(Typo)는 브랜드의 목소리라고 불릴 만큼 해당 브랜드가 가지고 있는 아이덴티티를 형성하는데 기초적인 구성요소이다. 해당 브랜드의 제품 성격에 따라 투박한 서체를 사용할 수도 가능고 부드러운 서체를 사용할 수도 있는 것이다. 그렇기 때문에 기업 전용 서체를 사용하는 경우가 있는가하면 브랜드의 이미지에 따라 브랜드 전용 서체를 만드는 경우도 있다. 하지만 어떠한 경우든 간에 타이포는 그 서체만으로 해당 브랜드를 떠올릴 수 있게 하는 강한 힘을 가지게 된다. 따라서 타이포는 브랜드 커뮤니케이션에 있어 일관된 이미지와 아이덴티티를 형성하고 전달하는데 중요한 역할을 수행할 수 있다.

표 1.3 타이포 사례

기업명	업종	브랜드 이미지	서체명
폭스바겐	자동차	고성능/친근함	퓨추라(Futura) 독일의 모더니즘을 반영한 서체로 원, 삼각형 등의 기초적인 형태를 알파벳에 입힌 군더더기 없는 형태의 서체
메르세데스 벤츠	자동차	최고	코퍼레이트 A(Corporate A) 날씬한 형태로 날카로운 획의 마무리를 가진 서체
애플	IT	혁신/친근함 디자인/기능성	애플 게라몬드(Apple Geramond) 보편적이고 친근한 느낌의 현대적인 서체/ 초기의 서체 미리아드(Myriad) 간결하고 정갈한 느낌의 서체/ I-pod 등을 출시하면서 변화한 서체
현대카드	신용카드	세련됨/국제적	유앤아이(You and I) 기업의 CI에도 적용한 서체로 기업브랜드의 리뉴얼 때 새로 디자인한 서체
아모레 퍼시픽 AMOREPACIFIC CORPORATION	화장품	우아함	아리따 태평양에서 아모레 퍼시픽으로 리뉴얼하면서 사용한 서체

6) 브랜드의 감성, 칼라

21세기는 감성의 시대라고 한다. 바로 이 감성 시대에 최상의 고부가가치 소프트웨어인 칼라(color)가 브랜드의 중요 요소로서 급부상하고 있는 것은 당연한 일이다. 초콜릿 폰, 블루 블랙폰, 녹색 밀가루 등 최근 상품의 칼라로 소비자의 감성적 욕구를 충족시키고자 하는 칼라 마케팅 열기가 뜨겁다.

미국의 칼라 컨설턴트 캐시 라만쿠사(Cathy Lamancusa)는 소비자가 제품에 대해 가지는 첫 인상의 60%는 칼라에 의해 결정된다고 주장한다. 그녀의 주장이 무리가 있지만 그 만큼 첫인상과 호감을 결정하는 데에 칼라의 영향이 지대하다고 볼 수 있다. 삼성 블루, 코카콜라 레드, 스타 벅스 초록, 맥도날드의 황금색이 의미하는 바는 단순한 색상 그 이상의 것이다. 해당 기업 또는 제품 브랜드를 떠올림과 동시에 그와 연관되어 떠오르는 브랜드만의 고유의 칼라는 곧 기업의 철학을 반영하는 것으로 인식되기 때문이다. 따라서 브랜드 정체성을 바탕으로 우리 회사의 또는 우리제품의 기준 칼라가 무엇인지를 결정해야 하며 이 칼라를 CI, BI를 포함하여 소비자와의 모든 접점에서 커뮤니케이션 될 수 있도록 노력할 필요가 있다.

결론적으로 브랜드 네임, 로고, 심벌, 슬로건, 캐릭터, 패키지, 타이포, 칼라와 같은 브랜드 구성요소들은 브랜드 가치를 구축하는 필수적인 수단들로 서로 독립적이면서 보완되는 복잡한 역할을 수행한다. 그러므로 성공적인 브랜드를 만들기 위해서는 이렇게 서로 다른 여섯가지 브랜드 요소들을 전략적으로 혼합하고 조화시키는 노력이 필요하다.

Chapter Summary 1장 요약

▶ 브랜드의 구성 요소

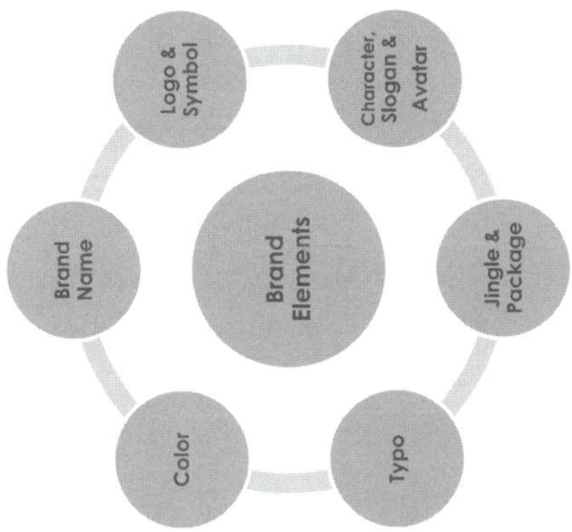

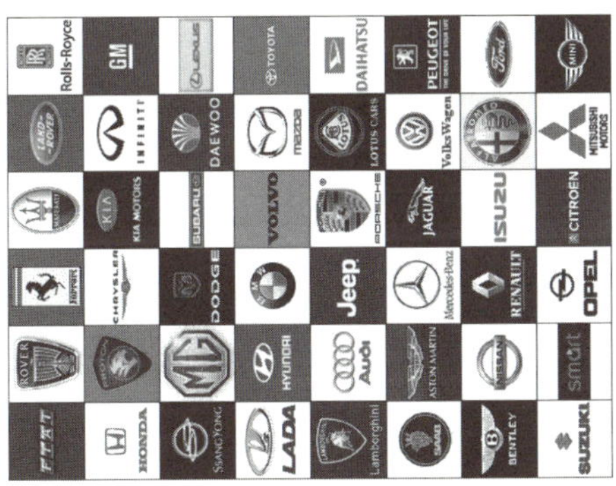

▶ 브랜드 개념도

- 선택할 만한 가치(Value)를 제공하는 가장 큰 준거 기준
- 소비자에게 자기 만족을 제공하고 사회적 위신을 대리적으로 표현해주는 수단
- 자기 소비에 대한 확신을 제공해주는 보증서
- 소비자에게 가치를 제공하고, 기업에는 이익을 만들어주고, 추가적인 브랜드 확장 기회를 제공하여 지속적으로 기업가치를 상승시켜주는 촉매(catalyst)/도우미 역할 수행

A brand is the relationship and emotional connection between a company and its customers.

CHAPTER 02

브랜드 가치

2.1 브랜드 가치 Brand Equity
2.2 브랜드 가치 Brand Equity 모형

Building brand equity is what marketing is all about and the task presents the most formidable business challenge.
- David Ogilvy

A
E
D
I

02 브랜드 가치

2.1 >> 브랜드 가치

"애플 없이는 못 살아" 애플은 전 세계 마케팅 종사자 1500 명을 대상으로 한 조사에서 '이 브랜드 없이 살 수 없는 것 같은 브랜드', '저녁 만찬 옆자리에 앉히고 싶은 브랜드', '가장 영감을 주는 브랜드' 등의 질문에 당당 1위에 올랐다(2008 인터브랜드 조사결과).

브랜드 가치상승은 매출 증가의 선행 지표이다. 2003년과 2008년을 비교해서 지난 5년간 애플의 브랜드 가치가 2배 늘어나자 매출도 1.7배 상승했음을 알 수 있다. 따라서 브랜드 가치의 개념과 측정은 1980년대 이후 마케팅 분야에서 가장 많은 관심을 받고 있는 주제중의 하나가 되었다.

종종 브랜드 가치Brand Equity를 브랜드 자산Brand Asset과 혼동하는 경우가 많다. 그러나 브랜드 에퀴티란 아래 브랜드 대차대조표에서 보는 것처럼 오히려 브랜드 자본

equity에 해당되는 개념으로 브랜드 인지도와 선호도 그리고 불만등 특정 브랜드에 대한 모든 인식과 지식을 합친 자산 가치에서 브랜드에 대한 부정적인 인식과 같은 마이너스 요인들 즉 브랜드 부채liability를 차감한 나머지이다. 한마디로 특정 브랜드에 대한 순가치로 정의할 수 있다. 따라서 '브랜드 순가치' 로 번역해야 함이 보다 옳지만 이하 간단히 줄여서 '브랜드 가치' 로 해석하기로 한다.

가장 이상적 시나리오로 특정 브랜드에 대하여 긍정적 오피니언만 100% 존재하고 부정적인 인식이 0 라면 브랜드 자산과 브랜드 가치는 같아질 것이다. 그러나 현실적으로 100% 지지와 긍정은 존재하지 않는다고 보아야 한다. 따라서 우리 브랜드에 대한 부정적인 이미지를 최소화하면서 브랜드 자산(Brand Asset)과 브랜드 가치(Brand Equity)사이에 존재하는 차이를 줄이려는 노력이 필요하다. 이 같은 노력을 우리는 '브랜드 가치 관리' Brand Equity Management라고 명명할 수 있다.

표 2.1 브랜드 대차대조표

브랜드 자산(Asset)	: 브랜드에 대한 총체적인 인식과 지식
브랜드 부채(Liabilities)	: 브랜드에 대한 부정적인 인식과 지식
브랜드 가치(Brand Equity)	: 브랜드 자산 — 브랜드 부채

브랜드 가치에 대한 개념은 브랜드의 긍정적인 인식과 이미지등 관련 연상들중에서 어떤 부분에 초점을 맞추느냐에 따라 학자들마다 각각 다르게 정의하고 있다. 피터 파쿼(Peter Farquhar)는 브랜드 가치 정의는 브랜드 가치를 활용하는 목적과 관점에 따라 달라진다고 말하면서 브랜드 가치란 '브랜드가 기업, 거래 또는 소비자를 통해서 특정 제품이 가지고 있는 부가 가치' 라고 정의한바 있다.

브랜드 분야 권위자인 데이비드 아커(David Aaker)는 브랜드 가치란 '브랜드 네임이나 심벌과 연결되어 기업과 그 기업의 고객을 위한 제품이나 서비스에 부가된 브랜드 자산과 부채의 총합' 이라고 정의하였다.

1) 브랜드 가치와 시장성과

브랜드 가치를 측정하는 방법은 재무적 접근법과 마케팅 접근법의 두 가지로 대별할 수 있다. 재무적 접근법은 브랜드 가치를 재무적 정보를 기반으로 추정하는 방법으로 원가접근법, 수입접근법, 주가접근법 등의 측정 방법이 있다.

그 중에서도 주식가치를 이용해 브랜드 가치를 추정하는 사이몬과 설리번 Simon & Sullivan(1993)의 접근법을 보자. 이들은 시장이 효율적으로 움직이고 있다면 상장 기업의 주가는 기업의 가치를 정확하게 반영할 수 있다는 효율적인 시장 가설을 근거로 하여 브랜드 가치를 계산한다. 첫째, 기업 자산의 총 가치를 기업의 시가총액과 단기부채와 장기부채로 보았다. 즉 대차대조표의 대변은 부채와 자본으로 구성되었는데 부채의 경우는 단기부채와 장기 부채로 자본은 보통주와 우선주가 있다. 따라서 기업의 총 가치는 기업의 시가총액과 단기부채와 장기부채의 시가의 합으로 구해진다. 둘째, 무형자산은 기업 자산의 총 가치에서 유형 자산을 공제하면 된다. 셋째, 기업의 무형자산은 브랜드와 연구 개발비, 특허권 그리고 독점적 수익등으로 계산할 수 있다고 보았다. 넷째, 기업의 총 무형자산에서 연구개발비, 특허권과 독점 수익을 차감하면 브랜드 순 가치를 계산할 수 있다. 이 방법은 비상장 회사의 브랜드 가치 측정이 불가능하고 효율적이지 못한 주식시장에서는 효과성이 떨어지는 문제점이 있다.

재무적 접근법에 의한 브랜드 가치 측정 방법은 일반적으로 기업 수준에서 기업 브랜드를 측정하는 것으로 제품 카테고리와 개별 브랜드 수준에서는 브랜드 가치를 측정할 수 없다는 문제점이 있어 마케팅적으로 활용하는데 한계점이 뚜렷하다. 그리고 마케팅이란 소비자의 인식에 근거한 활동인데 브랜드에 대한 소비자의 인식 수준을 반영할 수 없다는 한계도 있다. 이러한 문제점에 대한 대안적 방법으로 마케팅적 접근법이 개발되게 되었다.

마케팅 접근법은 소비자 인식에 근거한 소비자 평가를 기반으로 브랜드 가치를 측정하는 방법이다. 마하잔 Mahajan

등(1994)은 브랜드 충성도와 브랜드 재인을 통해 측정한 브랜드 가치는 구매의사결정에 따른 분산의 상당 부분을 설명할 수 있다고 주장하였다. 카마쿠라와 러셀 Kamakura & Russell(1993)은 스캐너 데이터에 근거한 브랜드 가치 측정모형에 따라 브랜드 가치 측정을 위해서 슈퍼마켓의 스캐너 데이터로부터 소비자의 구매 관련 자료를 사용하였다. 한편 Park & Srinivasan(1994)은 다속성 태도 모형에 근거하여 브랜드 가치를 측정하는 포괄적 방법을 제안하였다.

이들이 제안한 브랜드 가치는 각 개별 고객 수준에서 증가된 선택 확률 즉 어떤 고객이 어떤 브랜드를 선택할 확률과 해당 브랜드가 브랜드 구축 활동을 하지 않았을 경우 그 고객이 그 브랜드를 선택할 확률과의 차이로 측정한다. 이렇게 개인 수준에서 추정된 선택 확률을 전체 고객 또는 어떤 세분 시장에 속한 고객들에 걸쳐서 평균하고, 여기에 단위당 공헌 마진을 곱함으로써 브랜드 가치를 계량적으로 표시할 수 있다.

1980년대 후반, 세계 최초로 브랜드 가치 평가를 실시한 Interbrand **Interbrand**사는 지금까지 전 세계의 기업 약 3,000개 이상의 브랜드 가치를 평가해 왔다. 인터브랜드 방식이라고 불리는 이 평가 방법은 무형의 브랜드 가치를 재무적인 관점과 마케팅 관점을 동시에 반영하여 정량화하고 있다. 결국 이 같은 혼합 평가 방식이 브랜드 전략과 투자자와의 관계, 브랜드 라이센싱, 인수 및 합병 등을 위해서 보다 유용한 평가 방법으로 인정받게 되었다. 브랜드 가치가 이론과 실무 영역 모두에서 지대한 관심을 받고 있는 것은 브랜드 가치가 시장성과에 미치는 지대한 영향 때문일 것이다. 이 영향은 브랜드 가치가 소비자의 긍정적인 행동을 유도하여 만들어지는 효과이다. 소비자 행동에서 브랜드를 하나의 정보로 이용하며 이를 통해 정보처리와 구매의사결정에 소요되는 인지적 노력과 비용을 절감시킬 수 있다.

결론적으로 소비자들은 브랜드에 대한 가치를 크게 지각할수록 해당 브랜드에 대해 호의적인 태도를 형성하고 브랜드 만족도 및 충성도도 높아지게 될 것이다. 브랜드 가치에 관한 수많은 연구들은 시장점유율과 프리미엄 가격, 미래 이익과 장기적 자금 흐름, 매출 및 수익성등 기업의 재무적 성과와 브랜드 가치간의 정(正)의 관계를 규명해 주었다.

2) 브랜드 가치와 평가시스템

브랜드 가치를 체계적으로 관리하기 위해서는 브랜드 감사, 브랜드 트레킹, 브랜드 가치관리 시스템의 세 가지 평가시스템을 지속적으로 활용하여야 한다.

① **브랜드 감사**_Brand Auditing

브랜드 감사란 브랜드의 현황과 가치를 평가하고 브랜드 가치를 향상시키고 레버리지를 강화하는 방안을 찾기 위하여 브랜드 활동을 종합적으로 검사하는 활동이다. 이 감사는 아래 세 가지 부분으로 나누어진다.

브랜드 내부조사_Brand Inventory

회사에 의해 판매되는 모든 제품과 서비스들이 어떻게 시장에서 판매되고 브랜딩 되었는지에 대해 전수조사하고 새롭게 업데이트 된 자료를 제공하는 활동이다.

브랜드 외부조사_Brand Exploratory

브랜드의 잠재력을 규명하기 위해 설계된 조사 활동으로 소비자들이 브랜드에 대해 어떻게 생각하고 느끼는지에 대한 구체적인 정보를 제공하는 것이다. 주로 정성적 조사방법을 사용한다.

브랜드 포지셔닝_Brand Positioning

바람직한 브랜드 이미지를 구축하기 위하여 정보를 검토하는 과정을 통해 소비자들에게 우리 브랜드를 구매해야만 하는 강력한 이유를 제공하는 활동이다.

② 브랜드 트래킹_Brand Tracking

브랜드 트래킹은 브랜드 감사를 정기적으로 실시하는 것이다. 브랜드 포지셔닝이 결정되면 바람직한 브랜드 지각을 구축하는 마케팅 프로그램이 가동된다. 그리고 마케팅 프로그램의 성공 여부를 검토하기 위해 트래팅 조사가 실시되는 것이다. 트래팅 조사의 목적은 브랜드 가치의 주요 원천인 브랜드 연상의 강도, 호감도, 그리고 독특함 등을 정기적으로 모니터링하기 위함이다. 그리고 소비자 태도나 브랜드 선호도, 충성도, 과거의 사용경험, 미래 사용의향, 가격 민감도 등과 같은 브랜드 가치 관련 성과를 주기적으로 측정하기도 한다.

③ 브랜드 가치 관리시스템

브랜드 감사 및 브랜드 트래킹 조사에서 얻은 결과를 최대한 반영하여 수익을 극대화하기 위해서는 아래 브랜드 가치 관리시스템을 사내에서 실행할 필요가 있다.

브랜드 가치 헌장_Brand Equity Charter

: 브랜드 가치에 대한 기업의 시각을 마케팅 관리자들에게 지침으로 제공할 수 있도록 브랜드 가치 헌장이라는 문서로 형식화한 것

브랜드 가치 보고서_Brand Equity Report

: 트래킹 조사와 관련 성과 측정 결과들을 정기적으로 경영진에 배포하는 브랜드 자산 관련 종합보고서

브랜드 총 관리자_CBO: Chief Brand Officer

: 조직 내에서 브랜드 가치를 총괄적으로 관리하는 마케팅 이사 또는 부사장을 말하며 브랜드 총 관리자로 지명되어 이들이 브랜드 자산 헌장 및 브랜드 가치 보고서 관리를 책임지며 브랜드 가치 관리시스템을 총괄하게 된다.

3) 주요 브랜드 가치 평가 방법

브랜드 가치를 평가하는 일은 쉬운 일이 아니다. 그러므로 어떤 요소들을 기준으로 평가할지에 대한 논의는 현재도 계속 논쟁거리가 되고 있다. 평가기준은 크게 재무적 평가와 마케팅 평가 두 가지로 나누어 볼 수 있고 이러한 평가기준에 따라 이를 평가하는 주체도 회계법인, 광고 대행사, 브랜드 전문 컨설팅 업체 등으로 각기 나뉘어져 있다. 이들은 브랜드 가치 평가에 있어 각기 다른 브랜드 요소를 중심으로 측정을 한다.

컨설팅 회사는 브랜드 가치를 화폐 가치를 중심으로, 회계 법인의 경우에는 고객사의 필요와 회계 상의 목적을 중심으로 측정을 하고 있고 광고 대행사의 경우에도 브랜드에 대한 소비자 인지 등을 중심으로 각기 다른 측정방식을 가지고 있다.

현재 시장에서 활용되는 다양한 브랜드 가치 측정 방식 중 대표적인 영국의 인터브랜드의 평가 모델, 영&루비캄사의 모델 그리고 한국능률협회 컨설팅 모델에 대해 간략히 살펴보기로 하자. 이외에도 일본 덴츠사의 브랜드 진단 육성 프로그램과 미국 랜도사의 이미지 파워 모델 등도 유명하다.

① 인터브랜드_Interbrand사의 브랜드 가치 평가 모델

영국 인터브랜드 Interbrand의 경우에는 특정 기업이 어떤 브랜드를 소유하는데 따른 현금 예측의 차이를 구해서 이를 현재 화폐가치화 하는 방법을 사용하고 있다. 인터브랜드 모델은 크게 브랜드 파워(Brand Strength)를 측정하는 총 7가지의 측정 요소와 브랜드에 의한 영업이익에서 무상표 제품의 영업이익을 차감한 순수한 브랜드 수익인 브랜드 이익(Brand Earning)을 변수로 사용하고 있다. 브랜드 파워는 아래 7가지 측정 요소들에 각 요인별로 5~25 %까지의 가중치를 적용하여 측정하고 있다.

인터브랜드 측정 방식은 브랜드가 가질 수 있는 고객가치를 적절히 표현한다는 점에서 의의가 있다. 하지만 측정 요소들을 선정 하는데 있어 주관성이 크고 측정 대상이

표 2.2 인터브랜드의 브랜드 파워 측정 요소

1	리더십(Leadership)- 25% 시장점유율, 가격 결정력, 시장에 대한 영향도
2	브랜드 안정성(Brand Stability)-15% 장수 브랜드, 일관된 아이덴티티
3	트렌드 (Trend)-10% 브랜드의 화제성, 향후 시장전망
4	시장성(Market Stability)-10% 시장 크기, 시장 성장성, 진입장벽
5	지원(Support)-10% 메시지 일관성, 광고지출 일관성
6	법적 보호(Protection)-5% 브랜드 등록여부, 브랜드 관리 체계
7	국제성(Internationality)-25% 해외시장 마케팅 영향력, 지역별 커버리지

표 2.3 2002년~2007년 World Brand Ranking

순위	2002	2003	2004	2005	2006	2007
1	Coca-cola	Coca-cola	Coca-cola	Coca-cola	Coca-cola	Coca-cola
2	Microsoft	Microsoft	Microsoft	Microsoft	Microsoft	Microsoft
3	IBM	IBM	IBM	IBM	IBM	IBM
4	GE	GE	GE	GE	GE	GE
5	Intel	Intel	Intel	Intel	Nokia	Nokia
6	Nokia	Nokia	Disney	Nokia	Toyota	Toyota
7	Disney	Disney	McDonald' s	Disney	Intel	Intel
8	McDonald' s	McDonald' s	Nokia	McDonald' s	McDonald' s	McDonald' s
9	Marlboro	Marlboro	Toyota	Toyota	Disney	Disney
10	Mercedes	Mercedes	Marlboro	Marlboro	Mercedes	Mercedes
11	Ford	Toyota	Mercedes	Mercedes-Benz	Citibank	Citibank
12	Toyota	HP	HP	Citibank	HP	HP
13	Citibank	Citibank	Citibank	HP	BMW	BMW

(계속)

표 2.3 2002년~2007년 World Brand Ranking(계속)

14	HP	Ford	American Express	American Express	Marlboro	Marlboro
15	American Express	American Express	Gillette	Gillette	American Express	American Express
16	Cisco	Gillette	Cisco	BMW	Gillette	Gillette
17	AT&T	Cisco	BMW	Cisco	Louis Vuitton	Louis Vuitton
18	Honda	Honda	Honda	Louis Vuitton	Cisco	Cisco
19	Gilette	BMW	Ford	Honda	Honda	Honda
20	BMW	Sony	Sony	Samsung	Google	Google
21	Sony	Nescafe	Samsung	Dell	Samsung	Samsung
22	Nescafe	Budweiser	Pepsi	Ford	Merrill Lynch	Merrill Lynch
23	Oracle	Pepsi	Nescafe	Pepsi	HSBC	HSBC
24	Budweiser	Oracle	Budweiser	Nescafe	Nescafe	Nescafe
25	Merrill Lynch	Samsung	Dell	Merrill Lynch	Sony	Sony

참고: Interbrand 2002-2007년 브랜드 평가 리포트

기업 브랜드와 개별브랜드가 동일한 경우로 한정된다는 단점도 있다.

② Young & Rubicam의 브랜드 가치 평가

브랜드 에셋 벨류에이터 Brand Asset Valuator는 미국의 마케팅 커뮤니케이션 업체인 Young & Rubicam의 브랜드 가치 측정 모델이다. 이 모델은 아커 Aaker의 브랜드 가치 구성요소를 기준으로 한 것으로 인지도knowledge, 존경도esteem, 적합성relevance, 차별성difference등 총 네 가지 요소가 그 평가 기준이며 브랜드에 대한 소비자의 이미지 즉 지각력에 기반하고 있다. 이들 요인은 현재의 능력을 보여주는 '브랜드 지위' 와 미래와 성장가능성을 보여주는 '브랜드 강도' 로 나누어 볼 수 있다.

표 2.4 Young & Rubicam의 브랜드 가치 측정

1	브랜드 지위	①인지도(Knowledge) 특정 브랜드에 대한 소비자 이해 정도 ②존경도(Esteem) 소비자가 브랜드를 해당 제품군에서 최고로 인정하고 존중하는 정도
2	브랜드 강도	③적합성(Relevance) 해당 브랜드와 소비자와의 관계 정도 ④차별성(Difference) 해당 브랜드가 시장에서 분명한 차이를 나타내는 정도

Young & Rubicam 모델은 특정 브랜드의 현재와 성장 가능성을 단순화된 모델로 측정할 수 있다는 장점이 있다. 그러나 소비자의 행동측면을 제외한 이미지 인지측면 만을 고려하여 실제 시장에서의 활용은 활발하지 못하다는 단점이 있다.

③ 한국능률협회 컨설팅의 브랜드 가치 측정방법

한국능률협회 컨설팅 KMAC의 K-BPI(Korea Brand Power Index)는 소비생활과 밀접한 국내 주요 산업을 대상으로 한 소비자 조사를 통하여 브랜드가 가지고 있는 영향력을 파악하여 이를 지수화한 것으로 소비자 구매행동을 예측할 수 있다는 장점이 있다.

조사 방법은 국내에서 소비생활을 하고 있는 한국인으로서, 서울시 및 6개 광역시에 거주하고 있는 만 15세 이상 만60세 미만의 남녀로 모집단을 구성한다. 그리고 면접원에 의한 일대일 개별면접에 의해 200개 산업군 약 4,000여개의 개별 상품 브랜드에 대해서 평가를 실시하고 있다.

K-BPI는 2000년 이후 비중을 조정하여 인지도에 70%의 가중치(최소인지40%, 비보조인지20%, 보조인지10%)를 두고, 충성도에 30%의 가중치를 부여한 총 1,000점 만점기준으로 산출한다.

표 2.5 K-BPI 브랜드 가치 측정

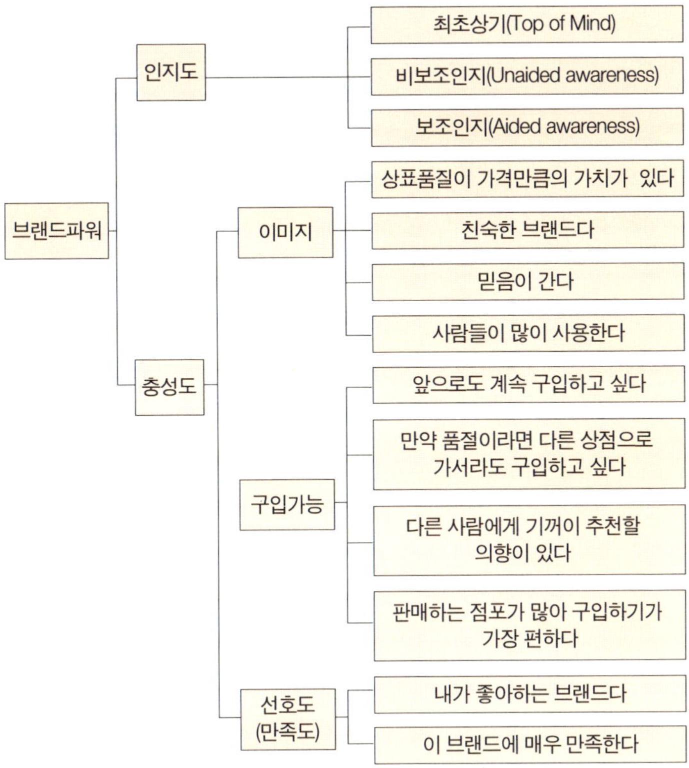

$$K - BPI = 1000 \times [(0.4 \times 1) + (0.2 \times 2) + (0.1 \times 3) + (0.3 \times 4)]$$

×1 = 최초인지도

×2 = 비보조 인지도

×3 = 보조 인지도

×4 = 충성도 평가*

(*충성도 평가는 이미지, 구입가능성, 선호도 항목에 대해 3:4:3의 가중치를 두어 평균치를 표준화된 점수로 변환하여 표준정규분포상의 누적분포 값으로 환산한 수치이다.)

2.2 >> 브랜드 가치 모형

브랜드 가치 모형이란 무형자산인 브랜드가 어떻게 고객 가치를 만들어가는 지를 그 과정을 요약하여 보여주는 설명 모델을 말한다. 본서에서는 3개의 세계 유명 모형과 필자의 모형까지를 포함하여 총 네 가지 브랜드 가치 모형을 소개하고자 한다.

1) 아커 Aaker(1992)의 브랜드 가치 모형

데이비드 아커 David Aaker는 브랜드 가치란 특정 브랜드의 이름과 상징에 관련된 자산과 부채의 총합인데 이것은 제품과 서비스가 기업과 그 기업의 고객에게 제공하는 가치를 증가시키거나 감소시키는 역할을 하며 브랜드 가치를 구성하는 자산이나 부채는 브랜드 충성도(Brand Loyalty), 브랜드 인지도(Brand Awareness), 소비자가 인식하는 제품의 질(Perceived Quality), 브랜드의 연상 이미지(Brand Association), 기타 독점적 브랜드 가치 등 5가지 요소로 구분될 수 있다고 주장한다.

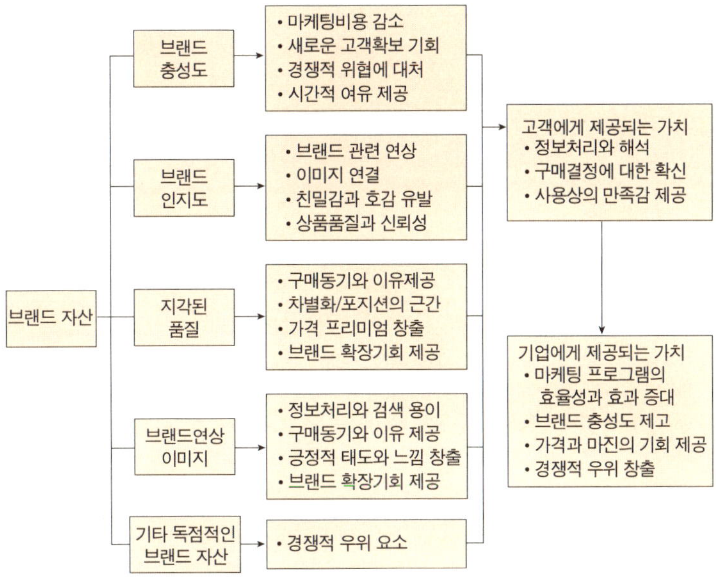

그림 2.1 Aaker의 브랜드 가치 모형

자료: Aaker, David A(1992), "The Value of Brand Equity", Journal of Business Strategy

위의 〈그림 2.1〉에서 보는 것처럼 기타 독점 브랜드 가치는 특허와 등록브랜드와 같은 것으로 이들 자산들은 경쟁사들이 고객과 브랜드 충성도를 잠식하는 것을 막아줄 수 있을 때 그 가치가 발휘된다.

Aaker 모형에서 브랜드가 강조되는 이유는 브랜드 가치가 커질수록 시장점유율과 이익을 더 올릴 수 있고 잠재적

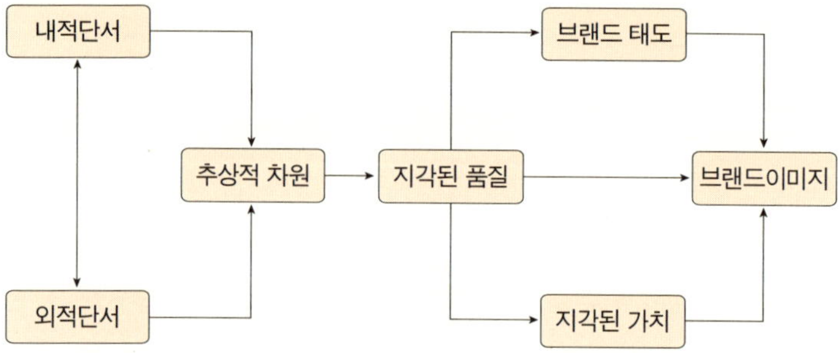

그림 2.2 Kirmani & Zeithaml(1993)의 브랜드 가치 모형

자료 : Kirmari, A. and V. A. Zeithaml(1993), "Advertising, Perceived Quality, and Brand Image," in David A. Aaker and Alexander L. Biel(edit), Brand Equity and Advertising: Advertising' s Role in Building Strong Brands, Lawrence Erlbaum Associates

경쟁자에 대한 진입장벽이 높아지며 라이센스 등을 통한 추가 수익도 올릴 수 있기 때문이다. 추가적으로 성공적인 브랜드 확장을 통해서 신제품의 성공 가능성을 높여주거나 출시비용도 낮출 수 있기 때문이다.

2) Kirmani & Zeithaml(1993)의 브랜드 가치 모형

Kirmani & Zeithaml (1993)은 브랜드 가치를 만드는 요소 중에서 '광고' 가 가장 큰 역할을 한다고 주장하면서 광고가 브랜드 가치를 어떻게 만들어 가는지 그 과정을 제시하였다. 광고는 제품의 물리적 특성과 관련된 내적 단서와 물리적 특성과 관련이 없는 외적단서로 구성되며, 광고의 두 가지 단서가 광고의 추상적 차원에 영향을 미치게 되고 이 추상적 차원은 지각된 품질에 영향을 미치게 된다.

이렇게 광고에 의해 형성된 지각된 품질은 브랜드 이미지에 직접적으로 영향을 미치고 브랜드 태도와 지각된 가치를 통해 간접적으로 영향을 미치게 된다. 이들은 브랜드 가치를 관리의 대상으로 보았고 브랜드 이미지는 소비자가 가지고 있는 브랜드에 대한 인지적 개념으로 보았다.

3) Keller(2002)의 브랜드 가치 모형

Kevin Keller는 브랜드 가치란 곧 소비자의 브랜드 지식이라고 말하고, 브랜드 지식을 크게 브랜드 인지와 브랜드 이미지 두 차원으로 분류하였다. 더 나아가서 브랜드 인지는 브랜드 비보조 인지와 브랜드 보조인지로 대별되며, 브랜드 이미지는 브랜드 연상의 유형과 호감도, 강도, 독특성의 네 가지 개념으로 나누어진다.

그는 브랜드 연상의 유형도 속성, 혜택, 태도로 나누었고, 속성은 비 제품 관련 속성과 제품관련 속성으로, 혜택은 기능적, 경험적, 상징적 혜택으로 나누었다. 켈러의 브랜드 가치 개념은 다음 페이지의 〈표 2.6〉와 같이 정리할 수 있다.

Keller는 브랜드 가치의 원천을 소비자들이 브랜드에 대하여 가지고 있는 지식 구조로 보고 이를 기준으로 브랜드 가치 개념화를 전개하였다. Keller 모형에 의하면 소비자 지식구조는 인지도와 이미지로 구성되어 있다. 이때 인지도는

표 2.6 Kevin Keller의 브랜드 가치 개념

브랜드 지식(Brand Knowledge)	
브랜드 이미지(Brand Image) 브랜드 연상에 의해 반영되는 브랜드에 대한 지각	
브랜드 인지 (Brand Awareness)	브랜드 재인(Brand Recognition) 브랜드의 사전노출을 확인하는 소비자의 능력
	브랜드 상기(Brand Recall) 기억으로부터 그 브랜드를 상기할 수 있는 소비자의 능력

다시 회상recall과 재인recognition으로 구성되어 있고, 이미지는 이를 구성하는 유형과 평가기준인 호감도favorability, 강도strength, 독특성uniqueness 등이 중요한 구성요소이다.

Keller(2003)는 그의 저서 Strategic Brand Management(2판)에서 '고객기반 브랜드 가치' (CBBE: Customer Based Brand Equity) 모형을 새로 소개하면서 브랜드 가치 모형을 한 단계 더 발전시켰다. 이 모형은 '브랜드 가치' 를 『특정 브랜드의 마케팅 활동에 대한 소비자 반응이 가진 브랜드 지식에 따라 달라지는 차별적 효과』로 재정의 하고 있다.

브랜드는 소비자가 무 상표제품의 경우에 비해 브랜드화 된 제품과 그 브랜드가 마케팅 되는 방식에 대해 호의적으로 반응하는 경우 긍정적인 CBBE(Customer Based Brand Equity)를 가진다. 따라서 긍정적인 CBBE를 가진 브랜드는 신규 브랜드 확장에 대한 고객 수용도가 높아지고 가격인상에 보다 덜 민감하게 되며 소비자가 새로운 유통채널에서도

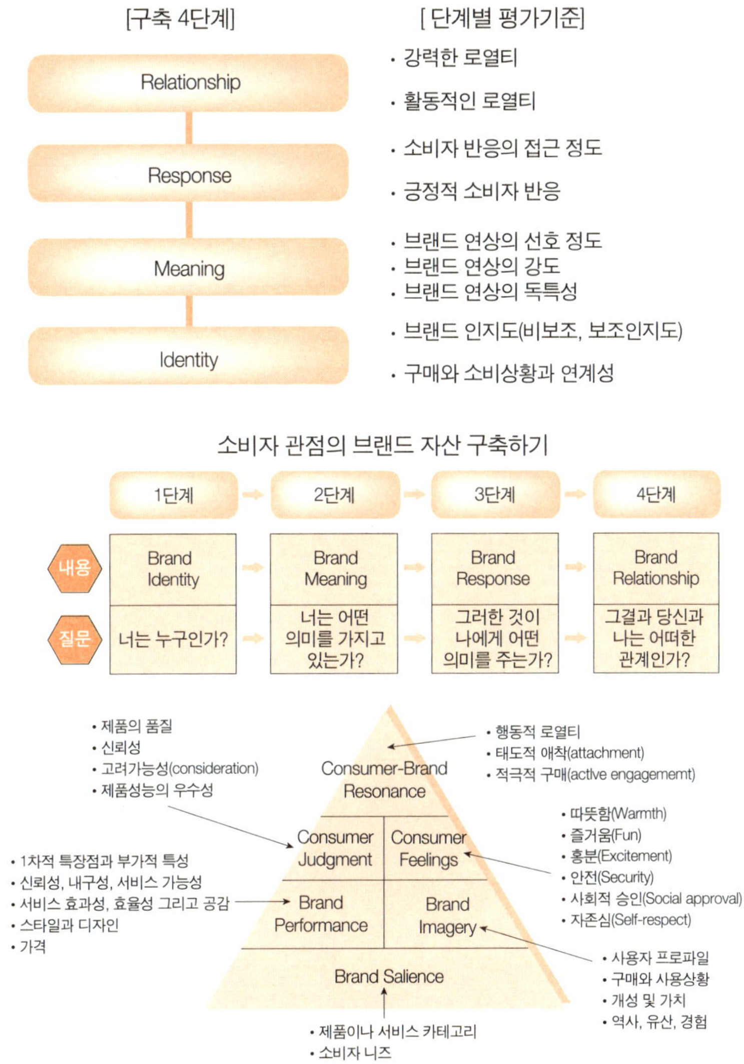

그림 2.3 Keller의 CBBE 모형

자료: Keller, Kevin Lane(2003) Strategic Brand Management: Building, Measuring and Management Brand Equity(2nd)ed, Prentice-Hall

그 브랜드를 기꺼이 수용하게 된다는 것이다. CBBE 모형에서는 특히 브랜드 가치 구축이 단계적으로 이루어진다고 가정하고 4단계의 단계적 모형을 제시하고 있다.

4) Suh(2008)의 브랜드 가치 모형

필자는 지난 20년간 개발된 다양한 브랜드 가치 구축 모형을 비교 검토한 후에 소비자 지향성과 브랜드 관리자 지향성 양자를 혼합한 '브랜드 아우라' Brand Aura 모형을 제시하고자 한다. (그림2.4 참조)

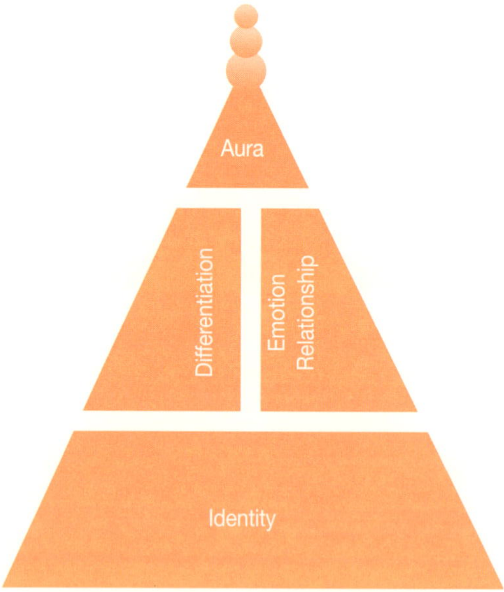

그림 2.4 브랜드 아우라 모형

브랜드 가치를 만드는 과정은 30년 이상의 장기간에 걸쳐서 3층 석탑(Pagoda)을 쌓아 나아가는 과정과 매우 흡사하다. 첫 번째 단계에서는 브랜드 정체성(Identity)을 확실히 정립해야 한다. 강력한 정체성은 터파기 공사와 초석 그리고 1층 탑을 튼튼히 만들어 가는 일과 비유할 수 있다. (3장 참조)

2층에 해당하는 탑은 좌뇌와 우뇌처럼 양대 기둥을 가지고 있다. 즉 차별화와 감성화 단계가 그것이다. 차별화Differentiation는 브랜드의 기능과 이미지 그리고 시장 포지셔닝을 차별화 하는 것으로 이성적 차별화라고 생각하면 된다(4장 참조).

한편 감성화Emotion Relationship Building란 브랜드와 소비자 관계를 감성적으로 즉 우뇌적으로 발전시키는 작업을 말한다(5장 참조). 브랜드 감성화는 소비자와 브랜드의 관계가 '인간과 상품'이 아니라 '인간과 인간'의 관계로 감정이입이 되는 것으로 특정 브랜드에 대하여 소비자의 자아동일시가 작용하게 된다.

이상 두 가지 작업을 거치고 장시간이 지나면서 소비자-브랜드 관계가 깊어질수록 영혼을 일깨우는 독특한 분위기를 말하는 아우라aura가 자연히 발생하게 된다(6장 참조).

아우라는 시장에서 최소 30년 이상 생존한 글로벌 브랜드 중에서만 발생되는 독특한 분위기를 말하는 용어이다. 이는 상당한 수의 매니아층을 보유하고 해당 산업에서 일종의 전설legend 이 되는 브랜드가 발생시키는 후광halo을 뜻하는 용어이기도 하다.

요약하면 브랜드 가치는 아래 네 단계를 단계적으로 거치면서 커져가기 때문에 브랜드 가치를 체계적으로 관리하기 위해서는 각각의 단계를 계단식으로 접근할 필요가 있다. 정체성 Identity 구축 → 차별성 Differentiation 구축 → 감성 Emotion 관계 구축 → 아우라 구축 Aura building의 4단계 단계를 거치게 되는 것이다. 각 단계 사이에는 갭이 존재하며 우리 브랜드가 현 상황에서 상위 단계로 발전하기 위해서는 여러 가지 문제점을 해결해야 한다(부록 참조).

마지막으로 필자의 브랜드 아우라 모델에 의한 브랜딩 실행 프로세스는 각 단계별 용어의 최초 이니셜을 합쳐서 IDEA 라고 간략히 표현할 수 있다.

Chapter Summary 2장 요약

▶ 브랜드 가치 모형

- 브랜드 자산: Brand Equity / Brand Asset / Brand Value / Brand Power
- 브랜드 가치평가: 재무적 접근법 / 마케팅적 접근법 / 혼합평가방식(인터브랜드)
- 브랜드 가치모형

Aaker1992	Keller 2002	Suh 2008
• 브랜드자산5요소 • 브랜드 충성도 (Loyalty) • 브랜드 인지도 (Awareness) • 지각된 품질 (Perceived Quality) • 브랜드 연상 이미지 (Association) • 기타 독점적인 브랜드 자산 (Brand Asset)	• 소비자 지식구조 • 인지도 * 이미지 • CBBE 모형: 고객기반 브랜드 가치 구축 4단계 • Brand Identity • Brand Meaning • Brand Response • Brand Relationship	• 브랜드 아우라 모형 • I-D-E-A 프레임워크 • Identity: 브랜드 정체성 구축 • Differentiation: 차별화 • Emotion Relationship:브랜드-소비자 감성관계 • Aura: 브랜드 아우라 빌딩

Secrets of Brand Aura

브랜드 아우라의 비밀

브랜드 아우라 빌딩

Chapter 03 아이덴티티
Chapter 04 차별화
Chapter 05 감성화
Chapter 06 아우라

PART 2

CHAPTER 03

아이덴티티

3.1 브랜드 아이덴티티_Brand Identity
3.2 아이덴티티 구축 프로세스

The goal in creating a brand identity is
not just surface consistency
but inner coherence.

- Aubrey Balkind, CEO, Frankfurt Balkind

A
E
D
I

03 아이덴티티

3.1 >> 브랜드 아이덴티티_Brand Identity

1) 개인과 국가 아이덴티티

브랜드 아이덴티티를 논의하기 전에 우리는 먼저 '아이덴티티' Identity란 용어에 대하여 먼저 살펴볼 필요가 있다. 아이덴티티identity란 사전적으로는 '자아동일성', '주체성', '정체성' 등과 동의어로 쓰이며 그 사람의 성향, 목표, 의미를 뜻한다. 인간이 태어나서 가장 먼저 인식하는 것 중 하나가 바로 '나'라는 존재이다. 이를 자기 자각self awareness이라고 하는데 '자기 자신이 주의attention의 대상이 되고 있는 심리적 상태'라고도 할 수 있다.

작게는 내가 어떻게 생겼는가와 같은 신체적 특징에서 일정한 활동을 통해 인지되는 활동적 특징, 가족들과 같은 외부 대상과의 관계를 통해 만들어지는 사회적 특징, 성격과 같은 심리적인 특징의 네 가지 특징 요소로 '나'를 인식하게 된다. 그러나 성인이 되어 특정 사회나 일정 집단에

속함에 따라 '사회 정체성' social identity이라는 요소를 하나 더 추가하게 된다. 요약하면 '자기 지각' self-awareness에서 시작된 정체성은 한 개인이 자기 자신을 어떻게 생각하는 지에 대한 평가인 자아 존중self-esteem단계와 자신에 대해 사람들이 기대하는 가치를 충족시키고자 하는 자기 충족적self-fulfilling 예언 단계로 발전하게 된다.

학자들은 아이덴티티에 대하여 '거울 속의 나', '경험의 주체로서의 나(the I)와 자기와 경험 객체로서의 나(the me)의 관계' 또는 '타인과의 관계 속의 나' 등 다양한 정의를 내리고 있다. 그러나 이렇게 다양한 시각에도 공통점은 바로 '내가 인식하고 있는 나 자신' 이라는 것이다. 아주 단순하게 아이덴티티를 정의해보면 그것은 '내가 정의하는 나 자신' 이다. 즉 'Who am I?' 라는 질문에 스스로 만든 답안이 그 사람의 아이덴티티라고 정의할 수 있다. 개인 아이덴티티의 개념은 액면 그대로 국가에 적용이 가능하다.

〈한국의 주체성〉, 〈한국의 정체성〉, 〈호모 코레아니쿠스〉등 한국과 한국인의 정체성을 다룬 도서들에서도 지적하는 것처럼 한국은 아이덴티티 정립 노력이 아직도 부족하여 정체성 위기가 큰 나라이다. 먼저 외국인 시각에서 보면 Korea인지 Corea인지 Republic of Korea 인지 영문 국가 브랜드 네임도 혼동되는데다 체제가 전혀 다른 두개의 국가 즉

North Korea와 South Korea 가 서로 자신들이 정통 Korea 라고 주장하고 있다. 게다가 대한민국의 경우 지난 50년간 경제적으로 압축된 고도성장을 하다 보니 20~30대, 40~50대, 60~70대등 3개 세대별로 이들이 성장한 시대가 정보화, 산업화, 농업시대로 각기 다르다. 자연히 이들 세대가 각기 정의하는 한국이라는 국가가 같을 수 없다. 결국 이들 세대 간 가치관과 라이프스타일 또한 상이하여 세대 간 정체성 차이가 크다고 할 수 있다.

필자의 미국인 친구가 몇 년 전 스웨덴 스톡홀름에서 서울로 짐을 부치는데 고생을 많이 했다고 들었다. 왜냐하면 우체국에 있는 주요국가 리스트에서 한국을 찾기 힘들었기 때문이다. Republic of Korea, South Korea, Korea. 세계 200개 주요 국가 중에서 알파벳 K, R, S 로 시작되는 위 세 나라는 물론 같은 나라이다. 한국의 국가 아이덴티티 혼동 사례가 국가 아이덴티티의 중요성을 우리에게 일깨워주고 있다. 정체성이 뚜렷이 정립되지 않으면 많은 혼동과 디스카운트가 발생하여 실제 제값을 받기가 힘들어진다는 사실을 말이다.

2) 기업 브랜드 아이덴티티

기업 브랜드 아이덴티티 Corporate Brand Identity도 이상 논의한 개인 또는 국가 아이덴티티 Country Identity와 같은 맥락에서 이해할 수 있다. 기업이 만든 브랜드 로고와 네임을 포함하여 시각적인 요소와 기타 소비자에게 전달되는 모든 가치를 경쟁 기업과 차별되게 인식시키는 기업 이미지 빌딩을 '기업 브랜드 아이덴티티' 작업이라고 한다. 줄여서 CI라고 불리는 기업 브랜드 아이덴티티는 소비자들이 직 · 간접적으로 경험하는 의미 체계인 기업과 제품 브랜드의 동질성 · 일치성 · 통일성 · 정체성 · 주체성 등이 결합된 형태의 용어이다.

브랜드 아이덴티티는 브랜드 네임, 심벌, 개성, 이미지, 바람직한 연상 등과 같이 브랜드에 대한 소비자 지각 형성에 영향을 미치는 다양한 요인들이 혼합된 복잡한 개념이지만 경영의 관점에서 보면 결국 브랜드 아이덴티티는 브랜드에 대한 연상과 개성으로 형성된 인지도, 이미지, 품질인식, 고객 충성도 등을 포괄하는 개념이다.

네이버와 다음을 비교해서 브랜드 아이덴티티를 점검해보자. 먼저 네이버는 영어발음상 항해하다 Navigate에서 비롯된 항해하는 사람이란 뜻으로 지식과 정보를 탐험하는 모험가의 이미지를 형성하고 있다. 가장 한국적인 검색엔진 '이 세상의 모든 지식' 을 브랜드 슬로건으로 내세우며 자신을 정의하고 있고 소비자들의 이미지도 "온라인 세계의 삼성이다", "녹색창", "검색의 왕" 등의 표현에서 보는 것처럼 정체성과 이미지가 매우 유사하게 잘 연결되어 있다.

한편 다음은 다음next세대 선두주자와 한문 多音 에서처럼 '다양한 소리' 등을 뜻하는 브랜드 네임으로 '우리들의 UCC세상' 이라는 브랜드 슬로건으로 새로운 커뮤니케이션을 만드는 선두주자로서 자신의 아이덴티티를 정의하고 있다. 소비자들의 이미지도 '현대적이다', '진보적' 등을 떠올리고 있어 아이덴티티와 이미지 일치성이 큰 브랜드라고 평가할 있다.

이상 한국 최대 검색엔진 두 개 회사의 경우에서 보는 것 처럼 결국 우리 브랜드를 성공적으로 관리하기 위해서는 브랜드에 뚜렷한 정체성을 심어주어야 하며 우리가 정의하는 브랜드 정체성과 고객이 인지하는 브랜드 이미지가 일치하면 일치 할수록 브랜드 파워는 커짐을 알 수 있다.

Aaker(1996)는 브랜드 아이덴티티를 특정 브랜드만의 독특한 연상 이미지의 집합 이라고 정의하고 이것은 브랜드가 무엇을 의미하는지 그리고 기업이 고객에게 어떤 약속을 제시하는지를 표현한다고 하였다. 브랜드를 말할 때 우리는 이것이 기업 브랜드 (Corporate Brand)인지 제품 브랜드 (Product Brand)인지를 구별하여 인식할 필요가 있다.

물론 제품들이 모여 기업 이미지를 결정하지만 종종 이 두 가지 정체성이 충돌하기도 한다. 따라서 기업이미지는 그 기업이 생산 판매하는 개별 제품 이미지의 상호작용의 결과임을 알 수 있다. 더 나아가서 두 개 이상의 기업을 소유하고 있는 기업 집단의 경우 그룹 이미지Group Image는 개별 기업 이미지들의 단순한 합이라기보다는 이들 상호 작용의 최종 이미지 결과물이라고 생각해야 할 것이다.

기업 브랜드 정체성을 이해하는데 매우 흥미 있는 사례는 현대자동차-기아자동차 합병에서 찾아볼 수 있다. 현대자동차는 1990년대 말 IMF 경제위기로 도산한 기아 자동차를 인수하면서 연간 생산 규모가 1백 88만대에서 2백 93만대로 늘어났다. 자동차 산업에서 흔히 이야기하는 '규모의 경제' 선인 200만대 이상을 구현하여 한국 자동차 산업의 지배적 사업자가 됨과 동시에 국제 생산량 상위 10위권 안으로 들어서게 되었다.

인수 이후 현대자동차와 기아자동차는 플랫폼을 공유하여 원가와 개발비용을 절감하였다. 그리고 2003년 현대-기아 통합 연구 개발 본부를 발족하여 새로운 차종 개발 연구에 획기적인 원가절감을 시도했다. 현대-기아차 연구개발본부의 담당부사장은 "중복 개발에 따른 불필요한 투자가 감소해 수조 원의 비용을 절감했다." 면서 "전체 기술 수준이 높아진 것과 차대(플랫폼)의 통합에 따른 생산비 절감까지 고려하면 '시너지 효과' 는 더욱 커질 것" 이라고 말했다.

현대차가 1999년 기아차를 인수한 후 두 회사는 EF쏘나타(현대차) 와 옵티마(기아차),투싼(현대차)–스포티지(기아차)등의 많은 '형제차' 를 탄생시켰다. 실제 두 회사의 형제

차들은 엔진과 부품을 90%이상 공유하기 때문에 개발비를 거의 절반이상 절약 할 수 있었다.

그러나 양사 합병과 플랫폼 공유의 문제점으로 발생한 것이 브랜드 정체성 Brand Identity의 위기였다. 즉 합병으로 동급 경쟁차종간 자기잠식이 발생하고 동시에 플랫폼을 공유한 차종들의 모습이 비슷해지는 소위 'Look alike' 의 문제이다.

합병 이전 약 30년간 현대차와 기아차는 현대자동차는 승용차부분, 기아자동차는 중소형 상용차 부분에 역량을 두고 서로 다른 분야에서 성장해 왔다. 시장에 공급하는 차종의 성격이 다른 만큼 이 두 회사의 이미지도 달랐다. 결국 현대-기아차 그룹은 충돌하는 두개 회사의 기업 브랜드 중복 및 브랜드 정체성 문제를 극복하기 위해서 2004년 8월부터 양대 회사를 차별화 시킨 새로운 CI, BI를 발표하고 이를 광고, 프로모션 전략에 접목시켰다.

그 결과 현대자동차 HYUNDAI는 성공한 30대 이상의 사회인을 목표 고객으로 블루 칼라 정체성을 가진 "Drive Your Way"라는 브랜드 슬로건을 개발하였다. 한편 기아차 KIA는 20대 중후반 사회에 진입하는 사회 초년생들과 젊은이들을 목표 고객으로 하는 레드 칼라 정체성을 가진 기업 브랜드로 재탄생했다. 동시에 "The Power to Surprise"라는 브랜드 슬로건을 가진 정체성을 확립하여 영 브랜드로 포지셔닝 하는데 성공할 수 있었다.

국내 시장은 물론 경쟁이 치열한 세계 자동차 시장에서 톱 브랜드로 성장하기 위해서는 2004년 수립한 '한 기업-두개 정체성' one company-two identities 전략의 성공적인 실행을 통하여 두 개의 서로 차별화된 그러나 강력한 자동차 기업 브랜드 정체성을 구축해야만 할 것이다.

3) 기업 브랜드와 제품 브랜드 아이덴티티

기업은 지속 성장을 추구하면서 제품 수가 많아지고 이와 더불어 기업 브랜드 Corporate Brand를 강조해야 할지 제품 브랜드Product Brand를 강조할지에 대하여도 선택의 준거가 헷갈리게 된다. 물론 해당 산업과 지역 시장 상황에 따라서 그 해결책은 달라져야 할 것이다.

그러나 최근 유통업체가 대형화, 글로벌화되고 더욱더 파워가 커지면서 유통업체 브랜드(PB: Private Brand)의 도입이 급속히 확산되고 있다. 이처럼 유통업체 브랜드의 성장으로 제조업체들의 경우 기업 브랜드를 다시 강조하는 새로운 추세가 형성되고 있다. 제조업체 브랜드(NB)와 유통업체 브랜드(PB)의 싸움이 가속화 되면서 제조기업 브랜드는 선택의 여지없이 기업 브랜드를 다시 강조해야 하는 상황이 전개되고 있는 것이다.

왜냐하면 프리미엄 이미지와 제품 혁신성을 강조해야 생존할 수 있는 시장 상황에서 기업 브랜드는 든든한 패밀리 브랜드 family brand 또는 우산 브랜드umbrella brand 로서의 역할을 해 줄 수 있기 때문이다.

2004년 영국의 다국적 기업 유니레버 Unilever 는 단일 브랜드만을 강조하던 지난 수십 년 간의 브랜드 마케팅 전략을 접고 유니레버 Unilever 의 U 라는 심볼을 모든 제품에 표시하기 시작했다. 이 같은 조치는 기업 브랜드를 자사 모든 제품에 표시하여 기업명을 제품 보증(endorsing)의 역할을 수행하도록 만들기 위한 것이었다. P&G 또한 모든 TV 광고에서 제품 브랜드이외에도 기업 브랜드를 함께 표시하고 있다. 수백 개의 다양한 제품 브랜드 포트폴리오를 운영하고 있는 기업들일수록 유통업체 브랜드(PB)와의 싸움과 경쟁 심화로 그리고 브랜드 정체성 강화 문제 때문에 '차별화 효과'(differentiation effect)보다는 '원천 효과'(source effect)를 활용하는 효과가 더 클 것이라고 기대하는 것 같다.

결론적으로 기업 브랜드와 제품 브랜드 아이덴티티의 상대적 강조는 이들 두 가지 효과의 크기를 저울질해서 결정해야 할 이슈이다.

Case 01

프리쉬 빅 보이: Frisch's Big Boy Restaurant

빅보이 라고 불리는 Frisch' s Big Boy Restaurant은 미국에서 대중적으로 사랑받는 레스토랑중 하나이다. 1946년부터 시작해 오래된 역사를 가지고 있다. 미국 전역 곳곳에 위치하고 있으며 슈퍼빅보이, 핫 초콜렛 케이크등의 메뉴가 있는 뷔페식 레스토랑이다. 빅 보이는 다른 패밀리 레스토랑과 차별화되는 사명서를 가지고 있는데 그 사명서는 아래와 같다.

[우리 미션은 외식과 호스피탈리티 산업에서 존경받는 리더가 되는 것이다.

우리는 우리 고객들에게 고급 서비스 즉 실제적인 고객 가치를 제공하는 청결하고 유쾌한 환경과 그들이 기대하는 서비스를 보장한다.

최대의 이익을 우리의 주주에게 돌려주며 동시에 우리는 건전한 경영과 노사관계 그리고 주주이익을 극대화한다.]

세 개의 문장으로 자신의 미션을 뚜렷하게 보여주는 빅보이의 브랜드 사명서야 말로 빅 보이 레스토랑이 오랜 기간 미국인들의 지지와 사랑을 받을 수 있는 초석이라고 생각된다.

Case 02

웅진 윤석금 회장

WOONGJIN

교육 출판 사업으로 시작해 정수기 청소기 등의 환경가전과 식음료 사업 등 7개의 사업 군과 14개의 계열사를 보유하고 있는 웅진그룹은 창의성과 차별화된 조직 문화로 유명하다. '또또사랑' 이라는 독특한 경영정신은 알, 도전, 변화, 고객, 조직, 사회를 사랑하고 또 사랑하고 또 사랑한다는 의미를 뜻한다. 이러한 웅진을 키운 윤석금 회장은 CEO업계에서도 독특한 개인 사명서를 가진 것으로도 유명하다. 윤회장의 개인 사명서는 다음과 같다.

[나는 나의 능력을 믿으며 어떠한 어려움이나 고난도 이겨낼 것이다.

나는 자랑스러운 나를 만들 것이며 항상 배우는 사람으로서 더 큰 사람이 될 것이다.

나는 늘 시작하는 사람으로서 새롭게 일할 것이며 어떤 일도 포기하지 않고 끝까지 성공시킬 것이다.

나는 항상 의욕이 넘치는 사람으로서 행동과 언어, 그리고 표정을 밝게 할 것이다.

나는 긍정적인 사람으로서 마음이 병들지 않도록 할 것이다. 남을 미워하거나 시기, 질투하지 않을 것이다.

나는 내 나이가 몇 살이든 스무살의 젊음을 유지할 것이다. 한 가지 분야에서 전문가가 되어 나라에 보탬이 될 것이다.

나는 다른 사람입장에서 생각하고 나를 아는 모든 사람들을 사랑할 것이다. 나는 나의 신조를 매일 반복하며 실천할 것이다.]

이 개인 사명서를 매일 낭송한 탓일까? 필자가 만나본 윤 회장은 에누리 없이 20대의 열정과 건강을 가지고 있는 노인이었고 그는 현재 한국에서 가장 사랑받고 존경받는 CEO 중의 한 사람이다.

3.2 >> 아이덴티티 구축 프로세스

1) 아이덴티티의 명문화

비전, 미션, 사명서, 슬로건 등은 브랜드 아이덴티티를 직접적으로 문장화하여 브랜드 주체가 약속하고 정의하는 정체성 메시지를 이해관계자들과 커뮤니케이션 하는 작업이다. 이들 네 가지 작업은 물론 긴밀히 연결되어 있다. 약간의 논쟁은 있지만 일반적으로 이들 순서는 다음과 같다.

먼저 해당 기업과 브랜드가 추구하는 비전vision을 수립한다. 다음 이 비젼을 바탕으로 비전을 실행시키는 행동 수칙을 기술 하는 미션mission이 만들어 진다. 그리고 이러한 세부 실행 사항들을 바탕으로 내부 및 외부 관계자들에게 커뮤니케이션하기 위해 이를 한눈에 보기 쉽게 정리한 사명서mission statement, 그리고 이를 외부 관계자들 및 소비자들에게 쉽게 알리기 위해 한 문장으로 정리한 슬로건slogan 의 순서대로 진행되는 것이 통상적이다.

최근에는 많은 사람들이 기업 브랜드 비전이나 미션의 필요성에 대해서는 공감하고 인식하고 있다. 따라서 많은 기업들은 이미 자신들의 비전이나 미션을 가지고 있는 경우가 많다. 문제는 이를 감동적인 문장으로 변화시켜서 이해관계자들에게 전달하는 역할을 하는 '슬로건' 에 대한 지식이 아직 부족하다는 것이다. 아무리 좋은 비전이나 구체적인 미션들을 가지고 있다고 해도 이를 전달하는 방법이 불명확하다면 그것은 완전한 비전 또는 미션이라고 할 수 없다. 따라서 사명서가 주는 혜택이나 작성 방법들에 대해 정확히 알 필요가 있다.

"Thinking Ahead"(1998)에 따르면, 잘 작성된 사명서는 해당 기업 또는 브랜드에 장기적인 혜택을 가져다 줄 수 있다고 한다. 기업 또는 브랜드가 나아가야 할 방향, 중점 이슈, 기본규칙 또는 규율, 도전과 열정 등이 그것이다. 그러면 어떻게 사명서를 작성해야 잘 하는 것일까? 우선 사명서가 어떤 내용을 담고 있는지 명확히 할 필요가 있는데, 이것은 최근 혼동되어 사용되고 있는 비전서(Vision Statement)와 사명서(Mission Statement)의 차이를 통해 잘 알 수 있다. 드롭한 Drohan(1999)에 따르면 비전서의 경우에는 미래에 이루어 내고자 하는 목표를 중심으로 한다. 그러나 세부 실행 사항인 미션의 경우에는 현재 시점의 전략 결정과 같은 행동적action적인 부분에 대한 지침으로 볼 수 있다.

따라서 이 두 가지는 형식은 유사할지라도 이를 통해 커뮤니케이션하고자 하는 컨텐츠는 분명한 차이가 있는 것이다. 사명서는 목표 고객, 문장 길이, 단어와 언어, 지속성, 적시성, 차별성과 같은 요소들을 가지고 있어야 한다.

서비스 산업에서 최적의 사명서를 보유하고 있는 기업 중 하나로 뽑히고 있는 글로벌 프리미엄 호텔 체인 Ritz-Carlton THE RITZ-CARLTON® SANYA 의 사명서를 살펴보면 다음과 같다.

이 세 개의 짧은 문장은 Ritz-Carlton이 어떤 회사이며

표 3.1 Ritz-Carlton의 사명서

THE RITZ-CARLTON®
SANYA

[고객들에게 참된 서비스와 편안함을 주는 공간을 만든다는 것이 우리 최고의 미션이다.

우리는 항상 우아한 분위기에서 따뜻함과 휴식을 즐기는 고객에게 최상의 서비스와 시설을 제공할 것을 맹세한다.

리츠 칼튼 경험을 통해 감각을 새롭게 하며, 건강한 삶을 가능하게 할 뿐 아니라 고객들이 요구하지 않았던 요구와 희망들도 만족시킬 것이다.]

무엇을 목표로 하고 어떤 자세로 누구에게 봉사하고 있는지를 잘 알려주고 있다. 이와 같이 사명서 작성을 통해 내부 관계자들은 물론 외부 관계자들에게 해당 기업 브랜드가 약속하는 바 즉 브랜드 정체성을 효과적으로 전달할 수 있는 것이다.

사명서는 또한 고객들이 더 쉽게 기억할 수 있도록 하나의 문장인 슬로건으로 정리할 수 있어야 한다. 다음은 서비스 산업에서는 모든 사람이 암송하는 리츠 칼튼 호텔의 브랜드 슬로건이다.

"우리는 신사 숙녀들에게 봉사하는 신사 숙녀들이다."

[We are the Ladies and Gentlemen Serving Ladies and Gentlemen.]

이상 아이덴티티를 명문화 하는 체계적인 노력은 리츠 칼튼이 위엄 있으면서도 섬세한 배려를 하는 프리미엄 호텔로 성장할 수 있는 기초가 되었다.

2) 브랜드 개성(Brand Personality)의 구축

말보로 Marlboro vs. 버지니아 슬림 VIRGINIASLIMS. 이 두 종류의 브랜드 담배는 무엇이 다른가? 우리가 흔히 '말보로' 하면 터프하고 강인한 남성을 떠올리고, '버지니아 슬림' 하면 깔끔하고 고급스러운 여성을 떠올린다.

이처럼 소비자들은 브랜드가 마치 살아 있는 사람인 것처럼 인간적인 특성을 부여하곤 한다. 사람에게 개성이 있는 것처럼 브랜드도 현대적이거나 젊고 세련되었다거나 터프하다거나 하는 등의 개성을 가지게 된다. 기업 브랜드의 경우 삼성전자 SAMSUNG 는 30대 화이트 칼라 고학력 남성을 떠올리게 하는 반면에 현대 자동차 HYUNDAI 하면 40대 중반 생산직 남성 사원이 연상된다. CJ CJ 하면 20대 여대생이 연상되는데 롯데 백화점 DEPARTMENT STORE LOTTE 하면 40대 초반 주부가 생각난다. 이처럼 고객이 연상하는 대표적인 성별과 나이로 특정 기업의 개성을 나타낼 수 도 있다.

일반적으로 브랜드 개성Brand Personality이란 '브랜드에 부여된 인간적 특성' 을 말하는 것으로 특정 브랜드나 제품을 사람으로 생각했을 때, 그 제품이 가지고 있는 인간적 특징traits들을 의미한다. 브랜드 개성은 브랜드에 활력을 불어넣고, 브랜드 매력을 끌어올리며, 서비스를 향상시킨다. 뿐만 아니라 고객과의 정서적 유대를 강화하며, 일류 브랜드만이 가질 수 있는 강력한 카리스마의 원천이 되며 특정 브랜드만의 색깔, 즉 브랜드 정체성을 나타내는 중요한 척도가 된다.

Aaker(1996)는 브랜드 연상Brand Association을 4개의 카테고리로 구분하였다. 첫째는 '상품으로서의 브랜드brand-as-product' 이다. 상품의 범주, 속성, 품질 등이 이에 해당된다. 둘째는 '조직으로서의 브랜드brand-as-organization' 로 이는 해당 기업 또는 조직의 속성과 지역적 특성에 대한 연상과 관련된 것이다. 셋째는 '사람으로서의 브랜드brand-as-person' 로 이것은 브랜드 개성에 초점을 맞춘 브랜드 연상이며 고객과 브랜드의 관계를 포함하고 있다. 마지막으로 '상징으로서의 브랜드brand-as-symbol' 는 시각적 이미지와 브랜드 유산brand heritage, 은유metaphor 등과 관련된다.

브랜드는 상품의 속성 집합 이상의 것이다. 따라서 기능적인 의미 이상의 것이며 감정적이고 자아 표현적인 혜택을 제공해 줌으로써 소비자에게 다가가야 한다. 이 말은 브랜드가 그야말로 사람과 똑같이 접근할 수 있으므로 브랜드와의 관계를 '사람-사람' 의 관계로도 볼 수 있는 것이다.

켈러 Keller(2002)도 브랜드 연상의 종류를 속성attributes, 혜택benefits, 태도attitudes로 구분한 바 있다. 특

히 혜택과 관련된 연상으로는 기능적functional, 경험적experiential, 상징적symbolic 연상의 세 종류를 제안하고 있다. 상징적 연상은 앞서 Aaker(1996)의 분류에서 볼 때, '상징으로서의 브랜드' 및 '사람으로서의 브랜드' 와 매우 유사한 개념으로 사회적 승인social approval, 개인적 표현personal expression, 그리고 외향적 자아존경outer-directed self esteem의 욕구와 관련된것 들이다.

이것은 어떤 브랜드에 대해 소비자가 품격prestige, 독점성exclusivity, 패션성fashionability의 가치를 얼마나 두느냐에 의해 결정된다. 상품과 관련된 혜택과 속성들이 실용주의적 기능을 충족시키는 것이라면, 자아 표현적 기능 또는 상징적 기능을 수행하는 것은 바로 '브랜드 개성' 이라 할 수 있다.

브랜드 개성은 '소비자들이 특정 브랜드에게 귀속시키는 인간적 특성들의 집합' 으로 정의할 수 있다(Aaker 1999). 과거에는 브랜드 개성을 측정하기 위해서 인간 개성의 '빅 5' 척도인 동의성agreeableness, 외향성extrovert, 양심성conscientiousness, 문화culture, 부정적 상황에서의 참을성neuroticism을 이용하기도 했었다. 그러나 제니퍼 아커Jennifer Aaker(1997) 의 개성 차원 연구이후에는 그녀의 5가지 브랜드 개성 차원이 학계와 업계에서 가장 널리 사용되고 있다.

그녀는 요인분석을 통하여 모든 브랜드에서 적용할 수 있는 브랜드 개성 5차원을 개발하였다. 브랜드 개성 5차원은 진실성sincerity, 흥미excitement, 능력competence, 세련됨sophistication, 활동성ruggedness 이다. 이들 5요인은 사람의 개성뿐만 아니라 브랜드 개성에도 모두 관련된 특성traits이기 때문에 어떠한 제품과 서비스 산업에도 일반화시킬 수 있다는 장점이 있으며 국내에서도 관련 연구들에서 그 유효성이 검증되었다.

동일한 브랜드에 대해서도 상징적, 자아 표현적 기능을 수행하는 브랜드 개성은 실용주의적 기능을 수행하는 속성차원들과는 그 의미와 해석에서 상당한 차이가 있다. 예를 들어, 실용주의적 기능에서 리바이스 (Levi' s) 청바지는 '질기다' '오래 입을 수 있다' 라는 의미로 해석되는데, 이러한 의미가 문화나 개인차에 의해 별로 영향을 받지 않기 때문에 문화간 계층간 큰 다양성이 존재하지 않는다.

그러나 상징적 의미에서 리바이스 청바지는 '독립성' , '강인함' , '남성다움' 등의 의미로 해석되는데 개인마다 이들의 니즈와 자기관념(self-view)이 모두 다르기 때문에 이러한 상징적 기능은 개인과 문화에 따라 많은 다양성을 보인다. 따라서 '강인함' 이나 '남성다움' 을 표현하고 싶은 니즈가 강한 소비자는 리바이스 브랜드를 선호할 가능성이 크며 이와는 반대로 '패션' , '여성스러움' 등을 추구하는 소비자는 '게스 (Guess)' 브랜드를 선호할 가능성이 더 큰 것이다.

결론적으로 브랜드 개성은 개인의 상징적, 자아표현적인 기능을 수행하기 때문에 해당 기업의 고객(user)과 비 고객(non-user)의 성향을 구분 짓는 중요한 기준이 될 수 있다. 고객은 동일 상품 카테고리 내의 다양한 브랜드 중에서 '자아와 일치하는 브랜드' 즉 자아동일시가 높은 브랜드를 선호할 것이다. 왜냐하면 그 특정 브랜드가 자신의 가치관, 성격, 그리고 라이프 스타일등을 대변해 주기 때문이다.

3) 브랜드 칼라(Color) 정체성 구축

칼라는 브랜드를 전달하는 시각적인 요소 중에서 가장 중요한 요소이다. 그리고 브랜드와 소비자의 관계는 명확한 브랜드의 정체성을 바탕으로 견고하게 형성될 수 있다. 따라서 칼라는 브랜드의 정체성의 핵심요소이자 정체성을 소비자들에게 전달하는 결정적인 매개체라고도 할 수 있다.

칼라와 브랜드의 관계에 있어서는 몇 가지 필수적으로 고려해야 할 조건들이 있다. 우선 해당 브랜드의 이미지를 형성하는 BI, CI는 물론 각종 프로모션에 사용되는 모든 시각적 요소의 컬라는 통일성을 가져야 한다. 이는 일정한 칼라와 해당 브랜드를 동일시하기 때문이다. 그리고 이러한 통일성은 브랜드에 대한 잔상효과를 강하게 남기게 된다. 또한 소비자가 가지고 있는 해당 브랜드에 대한 이미지와 다른 브랜드 이미지와의 사이에 차별성을 형성해야 한다.

칼라의 세계에서는 우리가 생각하는 것 이상으로 실제 사용가능한 색의 수가 소수로 한정되어 있다. 이는 일정 브랜드와 칼라를 연결함에 있어 겹치기 현상이 일어날 수 있다는 것을 의미하는 것으로 이는 다음의 두 가지 방법을 통해 해결할 수 있다. 그 중 한 가지는 색에 대한 고정관념을 탈피하는 것이다. 최근 기존의 원색이 아닌 파스텔 톤의 칼라를 많이 사용하고 있는 것을 그 예로 들 수 있다. 이 같은 발상 전환을 통하여 이미 다른 브랜드와 연계되어 있는 기존 색을 피해 나만의 고유색을 선택할 수 있다.

그러나 이 방법은 사람들의 기존 고정관념을 뛰어넘는 것으로 위험도가 높다고 할 수 있다. 따라서 소비자에게 잘못된 이미지를 전달하는 등의 위험요소 없이 해당 브랜드의 정체성을 잘 드러내 줄 수 있는 차별화된 칼라 선정 방식이 필요한 경우도 있을 수 있다. 이 경우 동일한 색을 사용하더라도 그 이외의 다른 요소들 중에서 그 브랜드만의 고유요소를 개발하는 방법을 사용할 수 있다. 이 같은 방식으로 각각의 브랜드 정체성에 부합하는 차별화된 색채를 선정할 수 있을 것이다.

Chapter Summary 3장 요약

▶ I-D-E-A 브랜드 아이덴티티

브랜드 위계구조

구분	정의	예
기업브랜드 Corporate Brand	기업명이 브랜드로 사용되는 경우	삼성, LG
공동브랜드 Umbrella Brand	관련성이 있는 여러 제품들에 부착되는 브랜드	하우젠, 청정원
제품 브랜드 Product Brand	한가지 제품에만 부착되는 브랜드	트롬, 지펠, 자이
브랜드 수식어 Brand Modifier	구형모델과 구별하기 위해 부착되는 숫자나 품질 개선되었음을 알리기 위해 사용되는 단어	NF 쏘나타 N20, Sony 사이버샷 T9

▶ I-D-E-A 아이덴티티 구축 프로세스 (1)

❑ 브랜드 아이덴티티의 구성요소

브랜드 아이덴티티는 브랜드 토대 (브랜드 철학, 브랜드 비전)를 근간으로 브랜드 컨셉, 상징 , 제품 , 브랜드 개성, 편익 등 6개 부분의 결합으로 형성됨 .

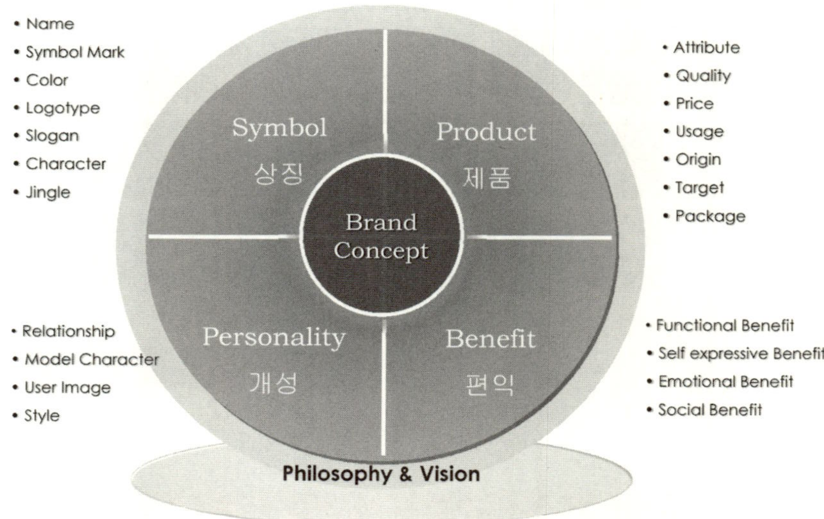

▶ I-D-E-A 브랜드 아이덴티티 구축 프로세스 (2)

브랜드 개성의 구축

- 브랜드 개성(**Brand Personality**)은 소비자들이 특정 브랜드에게 귀속시키는 인간적 특성들의 집합이다. (Aaker 1999)

- Jennifer Aaker의 브랜드 개성 5차원과 브랜드 연상이미지

Sincerity(진실함)	• Kodak, Coke
Excitement(흥미로움)	• Pepsi, Benetton
Competence(능력)	• Wall Street Journal, Hewlett Packard
Sophistication(세련됨)	• **BMW**, Mercedes
Ruggedness(강인함)	• Nike, Marlboro

자료: J Aaker(1996), Building Strong Brand: The Free Press, 159

▶ I-D-E-A 아이덴티티 구축 프로세스 (3)

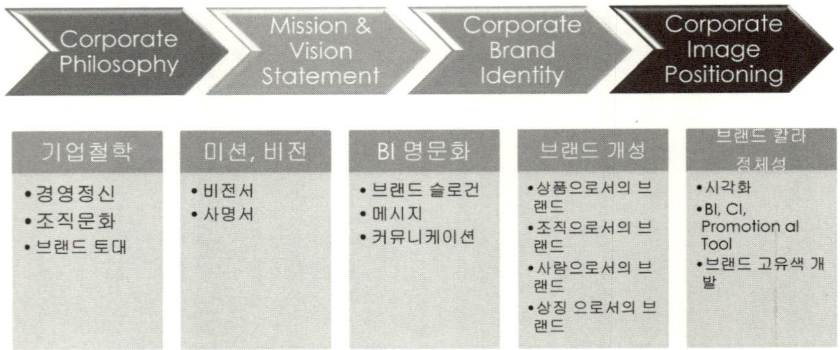

CHAPTER 04

차별화

4.1 이미지 차별화 프로세스

4.2 브랜드 이미지 유형별 차별화 전략

The brand is a living animate object.
As a result, you need to constantly monitor it and make
certain that it continues to be differentiated to its constituencies.

- Clay Timon, CEO, Landor Associates

Secrets of Brand Aura 브랜드 아우라의 비밀

A
E
D
I

04 차별화

4.1 >> 이미지 차별화 프로세스

브랜드 아이덴티티란 소비자들에게 제시하고자 하는 브랜드의 모습이자 비전과 목표이다. 그렇다면 실제 소비자들이 특정 브랜드에 대하여 가지는 연상은 무엇이라고 하는가? 그것은 바로 브랜드 이미지이다.

브랜드 이미지 차별화 작업은 아이덴티티와 이미지 사이에 발생하는 차이 즉 갭Gap의 정도를 파악하고 이를 어떻게 줄일 것인가를 계획하고 실행하는 일이라고 규정 할 수 있다. 신규 브랜드의 경우에는 백지에서부터 출발하여 소비자 마음속에 우리가 희망하는 브랜드 아이덴티티를 심고 가꾸어야하는데 이 과정을 브랜드 이미지 차별화 구축 프로세스로 정리해서 살펴보도록 한다.

먼저 브랜드 이미지가 어떤 빌딩 블럭들로 구성되어 있는지를 알아볼 필요가 있다. 소비자들이 브랜드에 대해 알아보고 기억하는 최초 단계로 인지도가 있다. 그 다음 인지후 해당 브랜드에 대해 긍정적인 느낌을 가지고 친숙함을 느끼는 친숙도가 있을 수 있다. 마지막으로 최종 구매 고려 리스트에 후보로 올라가고 특정 브랜드를 기억하고 좋아하는 감정을 뜻하는 브랜드 선호도가 있다.

소비자 마음에 인지도, 친숙도, 선호도가 형성되면 자연스럽게 구매가 발생한다. 구매 후 다시 그 브랜드를 반복구매하고 주변 친구나 지인들에게 그 브랜드를 옹호하고 추천하는 행위를 브랜드 충성도라는 개념으로 설명할 수 있다. 충성도는 브랜드 이미지를 구성하는 마지막 빌딩 블럭이다. 이상 설명한 네 가지 이미지 구성 요소들은 인지도→ 친숙도→ 선호도→ 충성도의 순으로 형성되게 된다.

이 같은 이미지 형성 피라미드를 명확히 이해하고 경쟁사와 우리를 블록별로 비교하고, 어떤 곳에서 우리 브랜드 이미지가 정체되어 있는지를 파악하여 그 문제를 해결하는 것이 21세기 브랜드 마케터들의 핵심 과제가 아닐 수 없다.

1) 브랜드 인지도

브랜드 인지도는 소비자가 제품 구매 시에 특정 브랜드를 떠올리거나 인지해서 구매에까지 이르게 하는 출발점이다. 이는 해당 브랜드에 대해 가장 먼저 반응하는 요소로서 브랜드 이미지 피라미드의 가장 하위 단계를 형성하고 있다. 매장에서 살충제를 구매하려고 할 때 국내에서 구매할 수 있는 살충제 브랜드인 '에프킬라 에프킬라' 라는 브랜드를 제일 먼저 떠올리면 최초 상기(TOM: Top of Mind) 브랜드로 인지도를 가지게 된다. 인지도는 시각과 청각과 같은 감각에 의해 확보되는 극히 단순한 이미지 요소이다.

인지 과정은 크게 두 가지로 나누어 생각할 수 있다. 다양한 상황에서 특정 브랜드를 인식하고 확인하여 제품 구매 욕구를 일으켜 실제 구매에 이르게 하는 브랜드 재인 Brand Recognition과 특정 제품을 구매하는 시점에서 일정 브랜드를 떠올리고 실제 구매까지 연결되는 브랜드 회상 Brand Recall이 그것이다. 그리고 이 두 가지 과정은 개별적으로 이루어지는 경우도 있지만 복합적으로 일어나는 경우도 흔히 존재한다.

'브랜드 재인' 은 주로 껌, 담배와 같은 충동구매 제품군이나 소비자가 구매할 상품군은 정했지만 구체적인 브랜드를 정하지 않은 경우에 강하게 작용한다. 브랜드 재인은 무의식적 감각에 의해 형성되고 구매를 촉발하기 때문에 광고나 다양한 촉진활동 등을 통해 해당 브랜드를 보다 더 많이 효과적으로 노출시키는 것이 핵심 과제라고 할 수 있다.

기능적 제품의 경우에는 '입이 상쾌해지는 가그린' 과 같은 문구와 같이 실제 제품 기능과 연관성 높은 브랜드 네임이 주효하고 상쾌한 느낌 제품 칼라 등과 같은 외부적인 요소들로 인해 많은 동일 제품군의 브랜드들 중에 쉽게 재인될 수 있도록 해야 한다. 경험적 제품의 경우에는 닌텐도 Nintendo® 의

'Wii' 와 같이 밝은 흰색상과 가벼운 제품 소재 등 가볍고 경쾌한 제품 이미지를 만들어 게임기 진열대에서 단연 'Wii' 를 우선적으로 인식하게 되는 경우를 생각해 볼 수 있다.

'브랜드 회상' 은 탄산음료, 콜라하면 '코카콜라 Coca-Cola', 녹차하면 '설록차' 와 같이 일정 제품군에서 자신의 기억 속에 이미 저장되어 있는 특정한 브랜드 정보를 인출하는 경우를 말한다. '브랜드 재인' 이 감각으로 인식되기 위해 패키지나 광고 등에 독특하고 반복적으로 노출하는 것이 중요한 반면에 소비자의 머릿속에서 자동적으로 떠오르는 '브랜드 회상' 은 제품을 필요로 하는 욕구와 해당 브랜드 명을 잘 연결해서 반복적으로 인식시킴으로써 보다 강력해 질 수 있다. '브랜드 회상' 에서는 슬로건이나 징글 등과 같은 브랜드 요소들이 특히 중요하다. 'Best selling luxury car, Lexus LEXUS' 와 같이 해당 브랜드가 어떤 제품 브랜드이며, 많은 소비자들이 이용하고 있다는 사실을 전달하여 소비자들이 고급 승용차 브랜드를 떠올릴 때 우선적으로 Lexus가 떠오르게 되는 것이 브랜드 회상이다. 징글의 경우 다른 어떤 메시지 없이도 일정한 리듬이 들리면 반사적으로 특정 브랜드 명을 떠올리며 따라하게 되는 효과를 가져 올수 있다. 브랜드 회상이 강력해지면 일정 제품군과 특정 브랜드 명을 동일시하게 인식하여 떠올리게 되는 최초 상기 브랜드(TOM Brand)로 발전하게 된다.

예를 들면 소화제는 활명수, 콜라는 코카콜라, 두통약은 아스피린등과 같이 특정 브랜드명이 제품군을 대표하는 경우로까지 발전할 수 있게 된다.

2) 브랜드 친숙도

브랜드 친숙도는 '인지도' 에서 '선호도' 로 가는 중간역이라고 할 수 있다. 소비자가 특정 브랜드에 대해 인지함은 물론 친밀함을 느끼는 정도와 사전경험의 정도 등과 같이 해당 브랜드에 대해 과거 축적해 온 모든 것들을 의미한다. (Alba & Hutchinson, 1987; Kent & Allen, 1994)

흔히 사람들은 자신들이 제공 받은 정보가 많은 제품일수록 해당 제품에 대해 높은 신뢰도를 가진다고 한다. 다시 말하면 많은 사람들에게 친숙한 제품이 좋은 제품이라고 생각하는 것이다. 바로 이 점이 브랜드 친숙도가 중요한 이유다.

3) 브랜드 선호도

특정 브랜드에 대해 적정한 인지도와 친밀도가 만들어 졌다면 이를 바탕으로 소비자에게 타 브랜드에 비해 상대적으로 더 많은 가치를 부여하는 브랜드가 생기게 된다. 이것이 바로 '브랜드 선호도' Brand Preference이다. 단순히 좋아하거나 익숙하다는 것 이상으로 다른 브랜드들에 비해 해당 브랜드가 가지는 고객 가치를 소비자가 사랑하게 되었다는 것을 의미한다.

아커 Aaker(1997)의 정의에 따르면 브랜드 선호도는 고객이 현재 구매하는 개별 서비스를 경쟁기업에서 제공하는 서비스와 비교해서 해당 브랜드를 상대적으로 좋아하는 정도를 의미한다. 예를 들면 우리가 다양한 조미료 제품 중에서 '미원 **미원**' 이 아닌 '다시다 **다시다**' 를 선택하는 경우를 통해 알 수 있다. '다시다 **다시다**' 를 선택하는 이유가 합성 조미료인 미원과는 달리 천연 조미료이고 오랫동안 그 맛에 익숙해졌기 때문이라고 판단하는 경우 이는 브랜드 친숙도를 넘어 그 브랜드를 선호한다고 말할 수 있다.

특정 브랜드에 대한 선호도는 소비자가 다양한 브랜드를 경험하는 과정에서 가장 만족스러운 경험을 제공하는 브랜드에게 부여하는 가치인 것이다. 따라서 선호도는 인지적 차원의 인지도와 친숙도와는 달리 태도적 차원을 가지고 있다. 그리고 만족스러운 경험을 바탕으로 높은 인지도와 장기간 친숙도를 가진 브랜드가 되어야만 브랜드 선호도가 비로소 발생할 수 있다.

4) 브랜드 충성도

높은 인지도와 장시간 경험을 통한 높은 친숙도는 물론 거기에 그동안 만족스러운 구매 경험으로 브랜드 선호도를 축적한 브랜드는 소비자로부터 '충성도' 라는 가치를 부여받게 된다. '브랜드 충성도' 란 고객이 가지고 있는 특정 브랜드에 대한 애착의 정도이며 이는 전환비용은 물론 다른 경쟁자의 침투 공격을 막는 심리적 장벽을 구축하여 미래의 이익과 관련된 중요한 지표로서 브랜드 가치 중에서도 핵심 자산이자 가치로 평가받고 있다. 그 이유는 충성도란 인지도나 친숙도와는 한 차원 높은 강력한 감성적 애착과 감성 이미지를 형성하기 때문이다.

충성도가 발생하는 충성 브랜드가 SFU를 가지고 있어야 한다. 즉 '강한 인지도' strong, '높은 선호도' favourable 그리고 '독특함' unique을 확보하게 되면 고객들과 해당 브랜드와 사이에 특별한 교감이 발생하게 된다. 그것이 바로 로열티loyalty라고도 불리는 충성도인 것이다.

우리나라의 조직 브랜드 중에서 충성도하면 세 개의 조직이 흔히 언급되고 있다. 해병대, 고려대, 전남향우회가 그들이다. 해병대는 군대 체험으로 고려대는 학연 그리고 전남향우회는 지연관련 네트워크 브랜드들 중에서 단연 가장 높은 인지도와 선호도, 충성도를 가지고 있다.

브랜드 충성도를 측정하는 잣대는 크게 두 가지로 나누어 볼 수 있다. 첫째는 기존 고객의 향후 '반복 구매 의도'이다. 과거의 긍정적인 체험을 통해 반복구매 의사를 가지게 되고 더불어 기업으로부터 마일리지를 비롯한 부가적 인센티브가 주어지면 그 구매의사는 더욱 더 강력해진다. 항공사 선택시 이러한 경우를 자주 볼 수 있다. 기존에 A항공 마일리지를 가지고 있고 비교적 만족스러운 탑승 서비스경험을 가지고 있다고 소비자들은 되도록 A항공을 이용하려고 할 것이다.

둘째 척도는 기존 고객들이 일으키는 '구매 추천 정도' 이다. 나뿐만 아니라 다른 고객들에게 특정 브랜드를 추천하는 구매 추천은 전환비용을 줄이는데 큰 효과를 가지고 있는 것으로 알려져 있다. 특정 서비스 제공자로부터 다른 제공자로 변경하는데 드는 비용을 뜻하는 전환비용 switching cost에는 탐색비용과 인지적 비용과 같은 '학습비용' 과 혜택 손실 비용, 불확실성 비용과 같은 '연속성 관련 비용' 을 들 수 있다. 여기서 구매 추천에 의해서 낮출 수 있는 전환비용은 전환 전 탐색 비용과 불확실성 비용이다. 추천자가 해당 브랜드 제품을 이미 이용해보고 권유를 하는 것이므로 해당 브랜드에 대한 불확실성 비용과 전환을 위해 다른 제품의 정보를 탐색하는 전환 전 탐색 비용은 제로가 되기 때문이다.

예를 들어 LG LG의 X-CANVAS를 사용하고 있는 고객 중 해당 브랜드에 대한 로열티를 가진 고객이 현재 TV를 교체하려고 하는 친구에게 X-CANVAS를 추천해주는 경우, 어떤 부분이 좋고 가격대는 어느 정도이며, 타 브랜드에 비해 가진 장점등 다양한 정보를 제공해주면 친구에 대한 신뢰를 가진 잠재 고객은 낮은 전환비용으로 LG TV의 고객화가 이루어진다.

결론적으로 브랜드 충성도는 한명의 충성 고객이 반복 구매와 고객추천을 통하여 다단계판매 방식으로 고객 수를 획기적으로 증가시키는 마법의 힘을 가진 브랜드 연상이며 조직의 미래 수익을 결정하는 중요 척도이기도 하다.

Case 03

빅토리아 시크릿
Victoria's Secret

반짝이는 커다란 날개를 달고 런웨이를 걸어 나가는 완벽한 몸매의 모델은 곧 빅토리아 시크릿을 의미한다. 평범한 사람들을 위한 평범하지 않는 브랜드를 지향하는 빅토리아 시크릿은 대중적인 이미지와 섹시하고 력셔리한 이미지가 공존하는 브랜드로 여성 속옷업계의 대표주자라고 할 수 있다. 1990년부터 빅토리아 시크릿은 단순한 속옷에 그치는 것이 아니라, 여성들이 남성들에게 더 섹시하게 보이기 위해 입는 속옷 이라는 섹시 컨셉의 공격적인 슬로건과 당대 최고의 모델을 기용하여 평범한 속옷브랜드가 아닌 섹시한 속옷이라는 이미지를 각인시켰다. 남성이 여성을 위해 속옷을 사는 행위는 보이지 않는 금기와 같았던 사회 분위기 속에서 빅토리아 시크릿은 남성 방문객을 위한 편안한 매장 인테리어와 카탈로그를 통한 주문 구입 시스템을 도입하면서 여성에게만 국한하지 않고 남성고객들에게도 친숙함과 고객 선호도를 높일 수 있었다.

Case 04

나이키 NIKE

유명한 백인래퍼 에미넴의 모자에서, 당찬 천재골프소녀 미셸 위의 왼쪽 가슴에서, 악착같이 뛰어다니다가 결국 골을 넣고야 마는 박지성 선수의 땀이 배인 신발에서 우리는 승리의 여신 '니케' 의 날개를 표현하고 승리를 상징하는 NIKE의 "SWOOSH" 마크를 볼 수 있다. 날렵한 부메랑이 날아가는 듯한 로고하나로 NIKE는 전 세계를 열광시키고 있으며 세계 초일류 스포츠 왕국으로 군림하고 있다. 'Just do it.' 이라는 슬로건과 광고 또한 제품만을 보여주는 것이 아니라 자신이 하고 있는 스포츠에 집중하는 사람들을 보여준다. 비단 유명 운동선수 뿐 아니라 이른 새벽 조용히 운동화를 신고 조깅을 하는 여성같이 자기를 위해 자신과 싸우는 사람들을 보여준다.

"우리는 신발을 파는 것이 아니라, 승리를 파는 것이다." 라고 말한 나이키 창립자 필립 나이트 말처럼 나이키의 브랜드 정체성은 단순 명료하다. 사람들은 신기만 하면 정말 승리할 것 같은 이 신발을 앞 다투어 사갔고, 나이키는 '승리' 와 '스포츠 정신' 이라는 브랜드 이미지를 더욱 더 확고히 할 수 있었다.

4.2 >> 브랜드 이미지 유형별 차별화 전략

브랜드 이미지는 고객이 인지하는 브랜드에 대한 연상으로 마케팅 주체와 고객을 연결해주는 다리 역할을 한다. 개인과 기업, 지방자치 단체에서 국가, 소비재 시장, B to B 시장 가릴 것 없이 고객을 보유하고 있는 모든 사업 주체는 어떤 형태로든 브랜드 이미지를 가지고 있다.

따라서 고객 충성과 시장 생존을 위해서는 보다 체계적으로 브랜드 이미지를 관리할 필요가 있다. 켈로그Kellog 경영대학원의 티보트 교수와 카펜터 교수는 브랜드 이미지 관리에 관한 기존 연구를 총 정리하면서 브랜드를 소비자 가치에 따라서 다음 3가지 유형으로 분류하고 있다.

1) 기능적 브랜드 이미지

기능적 브랜드는 소비자들이 기능적인 필요를 만족시키기 위해서 구매하는 브랜드이다. 예를 들면 옷을 세탁하고 통증을 가라앉히는 약을 먹는것 등이 기능적인 목적이다. 따라서 기능적 이미지는 제품의 외형적인 특성과 제품 기능과 연결되어 있다.

질레트는 기능적 이미지 브랜드의 대표적인 사례다. 질레트의 이미지는 젖은 면도를 위한 제품, 깨끗하고 편안한 면도 제공이라는 제품의 기능성과 강하게 연결되어 있다. 기능적인 이미지 브랜드를 차별화 시킬 수 있는 마케팅 변수는 '성능' 과 '가격' 이다. 성능을 위해서 제품 디자인과 사양에

자원을 집중시키는 방법과 저가격을 구현하기 위해 유통 경로와 기타 가격 요소에 집중시키는 방법이 있다. 저렴한 가격은 비단 꼭 소매가격뿐 아니라 구매 과정 단순화를 통한 소비자 시간 절약 등을 통해서도 제공될 수 있다.

맥도날드는 저렴한 가격을 연상시키는 기능적 이미지 브랜드다. '맥도널드' 하면 '패스트 푸드', '짧은 식사 시간' 또는 '가격에 비해 높은 혜택' '오픈된 화장실' 등을 떠올리게 된다.

기능적 브랜드는 소비자의 가장 기본적인 욕구를 만족시킴으로서 고객들과의 관계를 형성한다. 기능적 이미지를 가진 개표적인 제품군은 고관여 상품에서는 중, 대형 자동차와 무선 전화기를 저관여 상품에서는 두통약과 건전지등을 들 수 있다.

Case 05

맥도날드
McDonald' s

패스트푸드의 대명사 맥도날드하면 부담되지 않는 가격과 높은 칼로리 그리고 매 번 바뀌는 해피밀 메뉴의 장난감들이 떠오른다. 실제로 수년간 맥도날드는 싼 가격과 많은 혜택을 제공하면서 전 세계인의 입맛을 사로잡았다. 그러나 2000년 이후 웰빙시대가 도래 하면서 맥도날드는 큰 난관에 부딪친다. 맥도널드 음식은 정크 음식 Junk food 으로 비만 등 각종 성인병의 주범으로 지목되고, 웰빙, 건강을 강조하는 사회적 분위기와 아르바이트 직원에 대한 노동착취로 사회적 지탄을 받는 등 이미지도 크게 실추되었다. 특히 유럽에서는 Anti-McDonald' s Day를 정해 맥도날드 제품을 안 먹는 운동을 벌일 정도였다. 맥도날드는 자사에 비우호적인 시장분위기에 선제적으로 대응하기로 결정했다.

모든 조리과정에서 트랜스 지방을 사용하지 않기로 선언하고 포장지에는 영양분 함량 표를 그림으로 자세히 표시했다. 그리고 건강메뉴를 첨가하는 등 많은 노력과 시도를 했다. 아울러, 영국 및 유럽에서는 40%에 달하던 직영점을 15%로 감축하면서 모든 식품재료에 대해 현지구매방침을 마련했다. 이에 영국 이코노미스트는 맥도날드가 현지에서 재료를 구매하자 농민들의 시위가 사라졌다며 놀라움을 표했다. 이렇게 맥도날드는 고객들에게 싸고 양질의 음식을 제공하는 패스트 후드 Fast Food 의 기능과 혜택을 계속 유지 강화하면서 동시에 시장의 변화에서도 살아남을 수 있었다.

Case 06

더 노스 페이스 THE NORTH FACE

한국과 미국에서 유명한 산악인과 탐험가들이 가장 좋아하는 아웃도어 스포츠 웨어 브랜드는 단연 노스페이스다. 노스페이스는 자연을 해치는 최소한의 영향도 주지 않도록 전 상품은 화석연료 등 인위적인 도구에 의존하지 않고 인간 스스로의 힘으로 이동하는 것을 전제로 설계되고 있다. 노스페이스는 극지에서도 탐험가들의 신체를 보호해 줄 수 있는 혁신적인 익스트림 웨어로 편안함과 가벼움을 제일로 하는 기능성 브랜드 이미지를 추구하고 있다. 그 기능성을 인정받아, 밤늦게 학교와 학원을 다니는 고등학생들의 바람막이 옷으로, 수납공간이 많으면서도 가벼운 가방 back pack은 대학생들의 필수품으로 등극했다.

노스페이스가 지금까지 등산 마니아들을 넘어 다수의 일반 소비자들에게서까지 사랑을 받을 수 있었던 배경에는 바로 세계적인 탐험가들의 생생한 현장경험을 바탕으로 개발되는 노스페이스의 뛰어난 제품력과 테크놀로지를 커뮤니케이션한 기능적 브랜드 이미지가 성공적으로 만들어졌기 때문이다. 계속적인 기술 개발로 '노스페이스' 하면 등반가들이 기꺼이 자신의 생명을 걸 수 있는 장비로 생각할정도로 매니아 고객층도 만들어졌다. 'Never Stop Exploring' 이라는 브랜드 슬로건에 맞게 더욱 기능성의 보완을 강조하는 노스페이스는 기능적 브랜드 정체성과 이미지를 효과적으로 구현한 사례이다.

2) 상징적 브랜드 이미지

상징적 브랜드는 경쟁자와 차별화된 이미지를 투영시킴으로서 고객가치를 창출한다. 상징적 이미지를 가진 대표 제품은 고관여 상품에서는 패션 정장 의류를 저관여 상품에서는 위스키와 맥주 등을 들 수 있다.

상징적 이미지 브랜드는 제품 기능이 상대적으로 차별화되지 않았거나 품질을 평가하기 어려운 경우 그리고 패션 의류등 남의 눈을 의식하게 되는 상품군에서 특히 많이 찾아볼 수 있다. 최근 더 많은 제품들이 기능과 품질이 상향평준화되고 경쟁이 심화되면서 의미 있는 차별화가 불가능해지고 있다. 그러므로 상징적 이미브랜드 이미지의 중요성이 상대적으로 더욱 부각되고 있다. 예를 들면 자동차와 핸드폰의 경우 경쟁의 심화로 제품의 품질, 디자인, 내구성, 가격 그리고 주요 사양이 너무 유사해졌다. 이러한 차별화의 부재는 가격전쟁을 불러오기 마련이다. 이에 대응하여 많은 기업들이 상징적 브랜드 이미지의 창조를 위한 다양한 대안개발에 몰두하고 있다.

상징적 이미지는 이미지를 떠오르게 만드는 제품 특성들을 추가하거나 구매자와의 정서적인 유대감을 형성하거나 어떤 제품을 특수한 유형의 사용자들과 관련짓거나 멋진 광고를 제작함으로써 만들어진다.

워터맨 WATERMAN 만년필은 상징적 이미지 브랜드의 전형적인 사례이다. 단지 글씨가 잘 써진다는 이유만으로는 40만원이라는 가격을 정당화하기란 어렵다. 워터맨 만년필은 사용자의 '지위' 와 '세련된 취향' 을 표현하는 수단이 된다. 그리고 다음 세대로 계속 이어져 사용할 수 있는 유산으로까지 묘사된다.

조르지오 아르마니 GIORGIO ARMANI 브랜드는 사용자 이미지에 초점을 맞추어 브랜드를 인격화시킨 사례로 유명하다. 이런 브랜드 인격화 작업을 위해 유명 배우나 음악가들을 활용했다. 아르마니 이미지가 세상에 널리 알려지기 시작한 것은 리차드 기어가 '아메리칸 지골로' 라는 영화에서 아르마니 옷을 입고 출연한 것이 계기가 되었다. 한 평론가에 따르면, 이 영화는 한마디로 리차드 기어가 아르마니 모델로 공연한 두 시간짜리 패션쇼였다고 한다. 영화가 끝나고 제작진의 이름들이 모두 스크린에 올라오고 난 뒤, 짧지만 중요한 네임이 스크린 위에 뜬다–"GIORGIO ARMANI".

Case 07

조르지오 아르마니
Giorgio Armani

GIORGIO ARMANI

패션에 조금이라도 관심이 있는 사람이라면, 하얀 백발에 심플한 블랙 티셔츠를 항상 즐겨 입는 70대 남성 패션 아이콘 '조르지오 아르마니' 에 대해서 들어 보았을 것이다. 조르지오 아르마니는 이탈리아 태생으로 백화점에서의 잡일을 시작으로 남성복 디자이너가 되었는데 1975년 "Giorgio Armani S.P.A" 를 설립하고 본격적으로 남성복과 여성복을 제작하였다. 줄 곧 유럽에서 활동을 해온 아르마니는 1979년 미국시장 진출을 위해 법인을 세운 후 미국 시장 침투 전략을 수립했다. 본격적으로 활동하였다. 영화의 주요장면마다 아르마니 양복을 입고 나온 리차드 기어는 미국의 고객들에게 '조르지오 아르마니 양복' 에 대한 이미지를 심어주었다. 이처럼 유명한 배우들이나 음악가들을 모델로 내세워 '조르지오 아르마니' 라는 브랜드를 직접적으로 설명하지 않고, 이미지 그로 소비자들에게 어필하였고, 그 결과 아르마니에 대한 인지도와 선호도가 크게 올라갔다. 소비자들에게 고급스럽고 세련된 이미지를 브랜드 확장을 시도했다. '아르마니 콜레지오니' '엠프리오 아르마니' '아르마니 진' 같은 제품이 론칭되었다. 이들의 가격은 조르지오 아르마니만큼 비싸지 않지만 명품 브랜드 이미지를 가지고 있기 때문에 고객 역시 신뢰 할 수 있는 브랜드로 받아들였다. 비단 의류 뿐 만아니라, 아르마니 고유의 세련됨과 고급스러운 이미지를 이용하여 싱가포르의 가구회사를 인수하고 최근에는 삼성전자와 합작해 "엠프리오 아르마니 폰" 을 기획하기도 했다.

이처럼 아르마니는 브랜드에 대한 이미지를 활용하여 고객과 정서적인 유대감을 형성함으로써 세련되고 멋스러움의 상징 브랜드가 될 수 있었다.

3) 경험적 브랜드 이미지

경험적 브랜드는 어떤 점을 강조하는가에 따라 상징적 브랜드와 차이를 보인다. 상징적 이미지는 그 제품이 무엇을 나타내는가에 초점을 맞추는 반면, 경험적 이미지는 소비자가 브랜드와의 상호작용에서 어떻게 느끼는가에 보다 초점을 맞춘다.

브랜드 경험은 소비 시점에서 브랜드와 소비자에 의해서 동시에 창조되며, 독특하며 매우 개인적이다. 따라서 경험적 이미지는 같은 사람에게도 TPO에 따라 다르게 경험될 수 있다. 그러므로 경험적 이미지를 창조하는 데는 '장소' 와 '사람' 의 요소가 특히 중요하다. 경험과 감각적 이미지를 가진 상품군을 살펴보면 고관여 상품에서는 향수와 캐쥬얼 의류를 들 수 있고·저관여 상품에서는 아이스 크림과 커피전문점등을 생각할 수 있다.

스타벅스는 경험적 이미지 브랜드의 대표적인 사례다. 스타벅스는 단순히 커피를 구매하는 장소 이상의 의미를 가진다. 스타벅스는 바쁘고 정신없는 도시 생활에서 휴식을 제공해준다. 독특한 제조법에 의해 제작된 깊은 맛의 커피와 편안한 음악을 즐길 수 있는 소위 '제 3의 장소' 를 제공해준다. 좋은 경험을 일관되게 제공한다는 사실이 스타벅스가 경험적 이미지 브랜드라는 것을 말해준다.

경험적 이미지를 창조하기 위해서는 다음 두 가지 문제

를 해결해야 한다. 첫째, 소비자의 브랜드 경험을 일관되게 유지시키는 능력이다. 경험적 이미지는 일반적으로 노동집약적 서비스 산업인 경우가 많다. 서비스 마인드를 타고난 인재의 채용, 업무 매뉴얼과 훈련, 적정한 보상 시스템이 없다면 서비스 제공자들이 브랜드 경험을 창조하기 위한 능력과 동기부여를 가질 수 없다.

두 번째 과제는 소비자가 브랜드에 대해서 가지고 있는 '기대' 를 관리해야 한다는 점이다. 에버랜드를 네 번째 방문하는 방문객은 처음 오는 사람과는 다른 기대를 가지고 있을 것이다. 따라서 같은 제품군에서도 다양한 수준의 서비스 경험을 만들어가야 하며 인터넷과 디지털 기술을 활용하여 소비 경험을 더욱 확장하는 전략도 필요하다.

결론적으로 기능적 이미지는 공장에서 만들어지고 제품에 초점을 맞추는 반면, 경험적 브랜드 이미지는 소비가 일어나는 현장에서 소비자의 적극적인 참여로 만들어지고 고객에 초점을 맞추고 있다고 이해하면 된다. 상징적 이미지는 이들 중간에 속하며 공장에서 만들어지지만, 브랜드의 고객 가치는 소비자들의 심리적, 사회적 만족으로부터 발생한다고 할 수 있다.

Case 08

해병대 캠프

무료한 일상에, 나태해진 자신을 보게 되었을 때, 당신은 무엇을 생각하는가? 해병대 캠프는 그러한 현대인들을 신선한 충격으로 이끈다. 갯벌에서 뒹굴고 힘든 산악훈련을 하면서 말 그대로 '고생'을 한다. 실제로 해병대에서 훈련하고 있는 프로그램의 일부를 체험할 수 있는 캠프 상품들이 계속해서 생겨나고 있다. 해병대는 전시에 적지에 가장 먼저 상륙하여 적진을 파괴하는 임무를 가졌다.

"피할 수 없으면 즐겨라", "안되면 되게 하라"의 해병대 구호는 해병대 특유의 7전8기 정신을 내포하고 있다. 도전정신과 포기하지 않는 끈기를 기르기 위해 해병대는 해병대 유격훈련이라는 혹독한 유격훈련을 개발해냈고 그들은 자신들이 그러한 고난을 극복했다는 자긍심에, 해병대를 전역하고 나서도 해병대에 대한 자부심이 대단하다. 해병대 정신은 실제 우리 삶에서도 통하는 것으로 현대인들에게는 꼭 필요한 정신 중의 하나가 되었고 개인의 극기 훈련에서부터 기업의 단체 참여에 이르기까지 많은 사람들이 캠프를 찾는다.

해병대를 가지 못하거나 갈 수 없었던 어린이, 청소년, 여성

기타 남성들은 캠프 경험이라는 극한 체험을 통하여 어려움과 불황을 이겨내고 자신을 극복하려는 마음가짐을 배우게 된다.

Chapter Summary 4장 요약

▶ I-D-E-A 이미지 차별화 프로세스

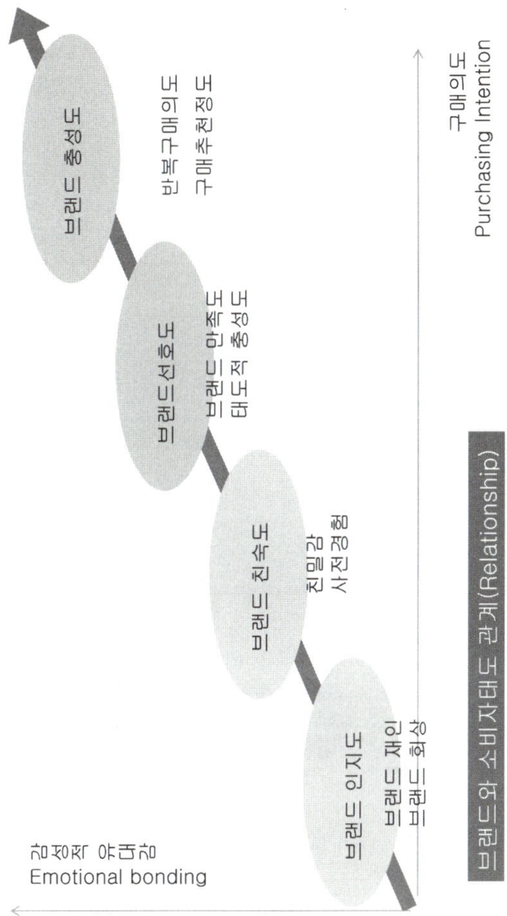

▶ I-D-E-A 브랜드 이미지 유형별 차별화 전략

브랜드 이미지 포지셔닝

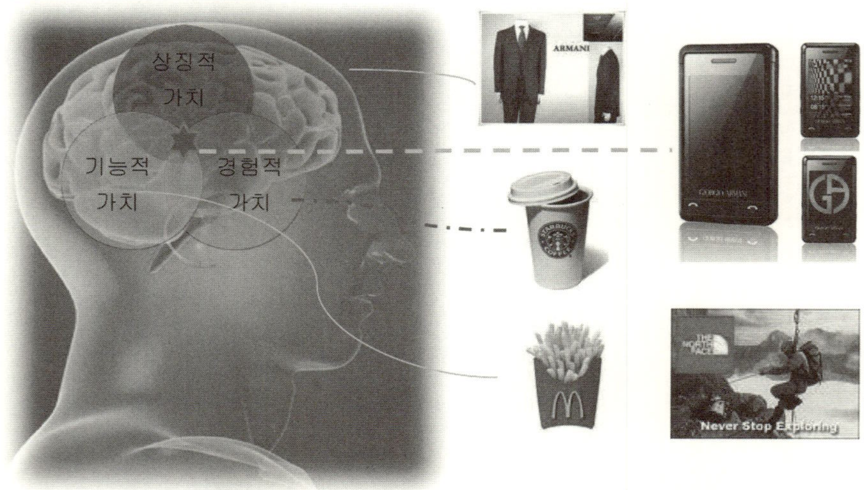

CHAPTER 05

감성화

5.1 개성 구축을 통한 관계 향상
5.2 감성 버튼을 통한 관계 구축

A brand used to be a promise but as we move forward, a brand is a relationship, a living thing.

- Kyle Shannon, Chief Creative Officer of AGENCY.COM

A
E
D
I

05 감성화

소비자 마음속에 경쟁 브랜드와 차별화되어 강하게 각인된 브랜드는 이제 소비자와 그 이상의 관계를 추구하게 된다. 시장에서 10년~20년 이상 생존하여 소비자들에게 브랜드의 존재의미를 이성적으로 충분히 설득한 브랜드가 다음 단계에 가야 할 길은 감성화 작업을 거쳐서 브랜드를 '감성 브랜드' 또는 '관계 브랜드' 로 발전시키는 일이다.

감성화에 성공한 브랜드는 소비자들 마음속에 일종의 러브마크Lovemark 로 자리 잡게 된다. '러브마크' 는 괴짜 CEO로 유명한 Interbrand CEO 케빈 로버츠(Kevin Roberts)에 의해 만들어진 개념이다. 독자 여러분은 '러브마크' 라고 한다면 조금은 외설적인 의미의 단어로 기억할 것이다. 우리가 알고 있는 러브마크를 남기기 위해서는 누군가를 '사랑' 해야 한다. 그리고 그 사랑을 느끼는 대상에게 진정성authenticity의 징표로 남기게 되는 것이 러브마크이다.

표 5.1 브랜드와 러브마크

		사랑(Love)	
		Low	High
존경(Respect)	High	Brand	Love mark
	Low	Product	Fads

자료: Kevin Robert(2006), The Lovemarks Effect: Winning in the Consumer Revolution, Perseus Distribution Services

브랜드 러브마크는 기존 히트 브랜드에 두 가지 요소가 추가적으로 더해져야 만들어 질 수 있다. 첫째, 브랜드가 러브 마크가 되기 위해서는 '존경' 이라는 요소가 추가적으로 더해져야 된다. 해당 기업과 브랜드의 시장 성과, 명성, 혁신성, 정직성 등을 바탕으로 한 존경은 브랜드에 강한 카리스마를 부여하고 이는 작은 실수를 용서하게 하고 심지어 실패도 이해하게 만든다. 러브마크는 한마디로 기존 브랜드에게는 불가능한 것을 가능하게 하며 강한 충성도를 형성하게 만들어 준다.

둘째, 존경에 추가하여 '유혹' 과 '사랑' 이라고 하는 요소가 더해지면 소비자는 특정 브랜드와 자신을 동일시하게 하는 강한 유인이 발생하게 된다. 소비자가 원하고 희망하는 바를 정확히 반영한 브랜드는 단순한 브랜드를 넘어 러브마크가 될 수 있다. 소비자들이 갈망하고 있는 개성, 향수, 꿈,

욕망 같은 것들을 브랜드에 입히면 소비자들은 해당 브랜드에 이성적 호감 이상의 감정을 가지게 되며 자연스럽게 그 브랜드는 러브마크로 진화 발전 할 수 있게 되는 것이다.

경제적 개념의 트레이드 마크인 브랜드를 한 차원 더 발전시키는 관계 브랜드 relationship brand 즉 러브 마크로 발전시키기 위한 전략 대안은 다음과 같다. 첫째, 강력한 브랜드 개성을 구축하여 고객을 감성적으로 만족시켜 고객과의 관계를 한 차원 높이는 방법과 둘째, 소위 세 가지 '감성버튼'을 자극하여 고객과의 관계를 강화하는 방법이 있다.

5.1 >> 개성 구축을 통한 관계 향상

소비자와 브랜드와의 관계를 단시간에 획기적으로 개선하는 처방책은 존재하지 않는다. 이미 설명한 것처럼 명확한 아이덴티티를 가진 브랜드가 자신의 아이덴티티와 이미지를 체계적으로 관리하여 시장에서 10년 이상 생존하면 그 브랜드만의 SFU를 가지게 된다. 즉 강한(Strong) 인지도와 선호도(Favorable) 그리고 독특한(Unique) 매력이 그것이다.

여기서 '독특함' 이 감성화 작업을 진행할 수 있는 첫 번째 열쇠가 된다. 독특함을 브랜드 개성으로 해석해 내고 그 개성을 적극 개발하고 전략적 커뮤니케이션을 통해 적극 활용하여야 한다.

요약하면 독특한 매력 즉 브랜드 개성을 구축하여 소비자의 감성과 교류하면 궁극적으로 브랜드 만족감과 충성도를 가져온다는 사실을 명심할 필요가 있다. 브랜드-소비자 관계에 관한 기존 연구들은 브랜드 개성 → 자아동일시 → 관계 만족도 → 충성도 로 연결되는 사슬을 실증적으로 검증해 주고 있다.

1) 브랜드 개성과 자아동일시

브랜드 이미지 구축 프로세스에서 언급한 바와 같이 브랜드 충성도는 브랜드와 소비자 관계의 지속여부를 뜻한다. 충성도 높은 브랜드는 '다양한 관계의 동반자' 로 간주되고 '생활 속의 경험' 으로 소비자 라이프 스타일의 일부가 되는 것을 목격할 수 있다. 이는 브랜드 충성도란 상징적 소비와 브랜드 개성과 밀접한 관련을 가진다는 것을 보여주는 증거라고 하겠다.

최근 브랜드가 상징적이고 심리적인 기능을 포함하는 라이프 아이콘으로 간주되면서 브랜드를 의인화하여 브랜드 개성을 도출해내고 그 개성을 체계적으로 관리해야 할 필요성이 보다 강조되고 있다. 브랜드와 소비자의 관계는 사람과 상품의 관계를 뛰어 넘어 사람과 사람의 관계처럼 파트너십 partnership을 구축해 나가는 것이 중요하다고 볼 수 있다. 최근 연구들도 브랜드는 상품 속성 이상의 것이며 감성적 emotional, 자아 표현적self-expressive혜택을 제공하여 소비자에게 다가가야 한다고 강조하고 있다.

브랜드 개성이란 "소비자들이 특정브랜드에게 귀속시키는 인간적 특성들의 집합" 이다. 브랜드 개성이 고객 만족도와 브랜드 충성도에 영향을 미칠 때 중간 변수로 고객과 브랜드의 자아동일시 과정을 거친다는 주장이 많은 학자들에 의해서 검증되었다.

한 유통업체에 대한 개성 연구 사례를 보면 브랜드 개성 요인중 신뢰성sincerity, 흥미excitement 차원이 브랜드 동일시에 긍정적인 영향을 미친다고 사실을 확인하였고 브랜드 자아 동일시가 높아지면 고객의 만족도와 충성도도 동반 상승하고 있다(이유재, 라선아 2002). 패션 브랜드의 경우 브랜드 개성이 브랜드 충성도에 직접적으로 영향을 미치기도 하지만 일반적으로는 브랜드 동일시를 경유하여 충성도에 영향을 미치는 것으로도 보인다(장수진, 이은영 2008).

브랜드가 기능적인 역할 이상 상징적 역할을 하게 되면서 소비자는 브랜드를 통해 자아를 표현할 수 있게 되었다. 따라서 소비자는 자신의 이미지와 일치하거나 부합되는 브랜드를 선호하게 되고 이를 구매하게 된다. 소비자 입장에서도 브랜드 개성은 자신의 자아를 표현하고 자아를 확대할 수 있는 수단이라고 생각할 수 있다. 이 같은 소비 패러다임에서 브랜드 개성과 자아의 이미지 일치성이 크면 클수록 만족감은 더 커질 것이다.

최근 연구에서도 브랜드 동일시가 브랜드 감성에 긍정적인 영향을 미치고 브랜드 동일시가 커질수록 브랜드 충성도가 비례하여 증가함을 보여주었다. (이유재, 이지영 2004) 더불어 자아동일시가 선호도에 영향을 미치고 결국 충성도에 긍정적인 영향을 미치게 되는 것이다.

2) 자아동일시와 관계 만족도

브랜드 개성은 브랜드 자아동일시 과정을 거쳐 고객 만족도 및 브랜드 충성도에 영향을 미치기도 하지만 브랜드 개성이 직접적으로 고객만족도 및 브랜드 충성도에 영향을 미치기도 한다.

소비자들은 구축된 브랜드 이미지를 통해 브랜드를 인지하고 기대하게 되는데, 이때 브랜드 이미지 구축에 브랜드 개성이 선행요인으로 작용하기도 한다. 브랜드 개성은 지식적 경로를 통해서든 경험적 경로를 통해서든 소비자는 브랜드 개성을 통해 만족이 커진다. 그리고 이 만족감으로 일관된 구매를 할 가능성이 높아지고, 이는 결국 브랜드 충성도로 연결되게 되는 것이다.

브랜드 개성도 인간이 지니고 있는 개성과 마찬가지로 호감과 비 호감의 대상이 되는데 호감이 높은 브랜드 개성을 가지고 있으면 브랜드 만족도가 높고, 비 호감을 느끼게 하는 브랜드 개성에 대해서는 불만족하게 되는 것이다(김형순, 유경민 2003). 브랜드 자산 구성 요인에 관한 기존 연구들은 대부분 브랜드 개성이 자아동일시를 거쳐 소비자와 브랜드의 관계 만족에 유의한 영향을 미친다는 사실을 지지하고 있다.

3) 관계 만족도와 브랜드 충성도

소비자 관계 만족은 소비자의 반복구매와 호의적인 구전 word-of-mouth 등을 발생시킨다는 점에서 중요하게 다루어져왔는데 구체적으로 기존 연구들을 살펴보면 관계 만족도가 최종적으로 브랜드 충성도에 긍정적 영향을 미치고 있음을 알 수 있다. 소비자 관계 만족도는 구매 후 태도에 영향을 미치며 이러한 태도는 재 구매 의도에 직접적인 영향을 주게 된다. 또한 지각된 소비자 만족은 높은 브랜드 충성도를 조성하는 근간이 된다.

브랜드 충성도란 크게 행동주의적 시각과 태도적 시각으로 나누어 볼 수 있다. 재 구매 발생 가능성이나 구매 점유율 등은 행동주의적 시각에서 다루어지고, 브랜드 몰입이라는 태도 심리학적 개념에 입각하여 인지적, 감성적, 행동적 요소를 포함하는 개념으로도 볼 수 있다.

최근 연구에서는 이 시각들을 포괄적으로 다루고 있는데 브랜드 충성도는 선호하는 제품이나 서비스를 재구매하거나 단골고객이 되려는 심층적인 몰입상태이며, 향후 브랜드 스위칭brand switching을 목표로 하는 타사 브랜드의 마케팅 시도에도 불구하고 동일 브랜드를 재 구매 하려는 경향이라고 정의할 수 있다(Keller, 2003). 소비자는 브랜드와의 관계가 만족스럽다고 평가하는 경우 행복감을 느끼고 그 행복감이 증가할수록 무드 동화효과(mood-based assimilation)가 발생하는데, 결국 이는 구매확률을 증가시키는 효과를 가져다준다.

결론적으로 특정 브랜드에 대해 '관계 만족도' 가 높아지면 높은 재 구매와 활발한 구전행위를 하는 등의 브랜드 충성도를 발생시키게 되는 것으로 볼 수 있다. 브랜드 개성을 강조하는 마케팅을 '페르소나 마케팅' 이라고 한다. 향후 소비시장이 더욱 개인화되고 감성적 욕구가 커지고 있기 때문에 자기 브랜드만의 독특한 페르소나를 개발, 관리하는 페르소나 마케팅을 보다 적극적으로 전개 할 필요가 있다.

Case 09

재규어 Jaguar

JAGUAR

세계에서 가장 스타일이 좋으면서도 품격을 잃지 않는 자동차 하면 떠오르는 브랜드는 바로 재규어이다. 독특한 기품과 고성능은 영국 왕실에서 전용차로도 사용되고 있는 전통 있는 고급 수제 차 브랜드이기 때문이다. 고급스럽고 귀족적인 이미지와 브랜드 개성을 가진 재규어는 단순히 경제력만 있다고 해서 탈 수 있는 차가 아니다. 레이스에 적극적으로 참여 하지만, 특별한 유저, 혹은 마니아들만을 대상으로 하는 스포츠카가 되는 것에는 반대하고 유행을 타는 차 보다는 품위 있고 질리지 않는 스타일을 추구하고 있다는 것을 알 수 있다. 특히 재규어 코리아는 자동차 브랜드로는 드물게 패션 퍼포먼스에 후원을 하기도 하면서 '품격 있는 스타일' 이라는 브랜드 개성을 확고히 하는 노력과 함께, 남성용 고급향수도 글로벌 시장에 내놓았다. '재규어 프레스티지' 는 품격높고 독특한 개성을 가진 전 세계 상류층 남성들을 위해 남성미, 스타일, 우아함, 고전미, 성공 등의 브랜드 컨셉을 핵심가치로 내포하고 있다.

Case 10

엡솔루트 보드카
Absolut Vodca

병원의 링거 병처럼 느껴지는 짧은 목과 투명한 몸체에 형형색색의 그림들이 그려져 있는 술병을 본적 있는가? 이것이 바로 '아트 보틀(Art bottle)' 로 불리는 생뚱맞은 병 모양과 기발한 광고 시리즈로 시각적 즐거움을 선사하는 스웨덴 원산지 엡솔루트 보드카 이다. '완벽하게 순수한 보드카' 라는 의미를 가지는 엡솔루트 보드카는 제품이 담긴 술병에서도 독특한 브랜드 개성을 보여주고 있다. 목이 짧고 병원의 링거 병 같은 흥미를 유발시키는 보틀 디자인, 제품과 제품설명을 종이 라벨에 적지 않고 병에 직접 박아놓아 투명도를 높임으로써 무색, 무취의 제품 특성을 효과적으로 드러내었다. 병에 쓰여진 글씨체 즉 타이포 또한 엡솔루트 보드카의 품질과 전통성 이미지를 효과적으로 전달하는 역할을 했다. 단순히 병의 모양뿐만 아니라, 엡솔루트 보드카 하면 모더니즘 광고의 지

평을 열었다고 할 수 있는 '엡솔루트 시리즈' 또한 엡솔루트 보드카의 브랜드 개성을 잘 나타내 준다. 엡솔루트 보드카는 미국 시장으로 진출을 하면서 미국인들에게 보드카는 러시아 술 이라는 고정관념을 깰 수 있을까 고민하다가 먼저 제품을 제대로 보여주어 소비자와의 친밀감을 형성하면서 여러 가지 시도를 통해서 아트제품이라는 이미지도 얻게 되었다. 엡솔루트 광고 시리즈 중 가장 유명한 것은 도시 시리즈이다. 각 도시의 특성을 살려 만든 그 첫 편인 ABSOLUT LOS ANGELES 가 성공하자 각 도시들은 마치 자기연고지의 스포츠 팀을 응원하듯 자기 도시를 소재로 한 엡솔루트 광고가 탄생하기를 목 놓아 기다리는 일이 벌어졌다. 엡솔루트 보드카는 분명한 아이덴티티와 브랜드 개성을 활용한 감성 브랜딩의 대표적인 사례가 되고 있다.

Case 11

베네통
BENETTON

UNITED COLORS
OF BENETTON.

베네통의 광고는 언제나 논란의 대상이 되었다. 수녀님에게 키스를 하고 있는 신부님, 사형제 폐지를 위해 사형수의 얼굴을 그대로 노출시키는 등의 자극적인 광고는 베네통이라는 브랜드 개성을 설명해 준다. 베네통은 폭 넓은 소비자에게 어필하는 칼라풀한 의류의 생산으로 강력한 브랜드 개성을 만들어 왔다. 슬로건 "United Colors of Benetton" 은 베네통의 이미지와 포지셔닝을 완벽하게 표현하고 있다. 때문에 초기의 광고에서는 다양한 칼라의 의류를 입고 있는 여러 인종의 사람들을 나타내면서 베네통만의 다국적 이미지의 개성을 확립했다. 1980년대 이후 베네통은 다양한 색과 이미지를 보여 주는 것에 그치지 않고, 사회적 이슈를 부각시키는 내용의 광고를 제작하게 된다. 1994년 베네통은 1500만 달러를 투입하여 사망한 보스니아 인 병사의 피에 얼룩져 찢어진 군복을 다룬 광고 캠페인을 기획하고 신문과 빌보드를 사용하여 110개국에서 광고하였다. 또 한 가지 베네통 광고의 특이한 점은 카피가 없다는 것이다. 그저 '이미지' 로만 고객들과 소통하고자 한다. 전국의 사형수들의 얼굴만을 모델로 쓴 광고는 전 세계인들에게 신선한 충격을 안겨주었다. 사형 제도를 반대하고자 사형수 이슈를 가시화 했던 것이다. 이 처럼 차별화된 광고들로 베네통은 특정 국가에만 국한되지 않고 전 세계를 하나로 보면서(United) 인종의 구분 없이 다양한 색(Colors)을 이미지만으로 나타내는 기업이라는 독특한 브랜드 개성을 가지게 되었다.

5.2 >> 감성 버튼을 통한 관계 구축

소비자와 브랜드 관계 만족을 극대화 시킬 수 있는 두 번째 방법론은 소비자 마음속에 존재하고 있는 소위 '감성 버튼' emotion button을 자극하는 것이다. 필자는 기존 문헌들을 종합적으로 검토한 결과 소비자 마음속에 존재하는 향수, 희망, 사랑 이라는 세 가지 감성 버튼을 확인할 수 있었다.

1) 향수 버튼

아이를 낳고 기른다는 점에서 어머니는 생명의 모태이고 어머니 자궁은 모든 이들의 고향이다. 따라서 모든 생명체를 따스하게 감싸준다는 면에서 고향, 어머니, 가족, 친구는 향수를 자아내는 근본 원천이 되곤 한다. 향수병은 이처럼 과거와 고향을 그리워하는 인간 본연의 심리상태를 말하는 것이다.

우리는 살아가면서 어떤 자극에 노출되어 문득 자신이 지나온 과거 속의 한 장면을 기억해 내거나, 애틋하고 안타까웠던 때를 끄집어내어 잔잔한 감상에 젖기도 한다. 首丘初心 수구초심 즉 '여우가 죽을 때 자기가 살던 굴 쪽으로 머리를 향한다' 는 옛 말도 고향과 과거에 대한 향수를 극명하게 보여주는 사례이다.

사람들은 특히 경기 불황과 경제적, 사회적 어려움에 처하면 행복했던 과거에 대한 간절한 열망으로 향수에 빠지곤 한다. 그 이유는 무엇 때문인가?

사람은 현재를 부정적으로 지각하면 과거를 회상하며 좋았던 장면을 기억 속에서 찾아내 현재의 위로로 삼는 경향이 있다고 한다. (Naughton & Vlastic 1998) 추억, 과거, 회귀본능 등이 소위 노스탈지아 즉 향수 버튼을 형성하는 주요 재료들이다. 향수 버튼은 브랜드와 소비자와의 관계 증진에도 적극 활용할 수 있다. 이들 중 대표적인 사례가 과거에 선보인 제품이나 서비스를 다시 유행시키는 형태인 복고 retro 마케팅 또는 향수 nostalgia마케팅이다.

향수 버튼은 모든 것이 빠르게 변화하는 현대의 소비자들에게 변하지 않는 과거의 경험을 되살려 '안전감' 과 '정서적 만족감' 을 제공해 준다. 향수 마케팅은 예를 들면 한국 소비시장에서 강력한 소비 집단으로 크게 부상하고 있는 70~80세대(70~80년대 출생한 사람들)에게 불안에 대한 안정제 역할을 제공 할 수 있다.

단순히 과거의 제품 그대로를 현재 다시 내놓는 것은 소비자들에게 큰 반향을 일으키지 못할 것이다. 과거의 향수가 잔득 묻은 제품 디자인과 서비스 정신을 현대 의미로 재해석할 수 있어야 비로소 오늘날 소비자들이 가지고 있는 향수 버튼을 자극할 수 있다고 본다.

성공적 향수 마케팅 사례인 가수 '이문세의 동창회' 콘서트를 보자. 마치 고등학교 동창회를 연상하는 형태의 진행과 70~80세대가 즐겨듣던 이문세의 노래들을 엮은 콘서트

'이문세의 동창회' 는 매회 마다 바뀌는 청중들에 따라 콘서트 진행에 약간의 변화를 주어서 세상에 한 번 밖에 하지 않는 개성 넘치는 유일무이한 콘서트를 만들어가고 있다. 이 같은 노력으로 이문세 콘서트는 재 구매율도 높고 공연 만족도 또한 매우 높다고 알려져 있다.

이는 과거의 향수를 불러일으키는 장치와 그 시대를 떠올리게 하는 감성에 현재 중요하게 여겨지는 요소인 독특함과 개성 특징을 잘 결합함으로써 소비자들의 감성 버튼을 강하게 자극할 수 있음을 보여준다.

향수 버튼은 일정한 패턴에 따라 돌고 도는 유행과 그에 따른 소비패턴을 통해 과거의 향수가 현재에도 충분한 영향을 미칠 수 있음을 보여준다. 현재 국내 소비 시장에서 신규 브랜드를 고객에게 인지시키기 위해서는 막대한 비용이 필요하다. 그러나 과거 이미 소비자들이 인지하고 있는 브랜드를 이용하는 경우 이러한 비용을 획기적으로 절감할 수 있다.

이는 해당 브랜드에 대한 소비자들의 과거 경험을 통해 얻어진 신뢰와 친숙함에서 발생하는 가치들이 작용하기 때문이다. 누구나 한 번쯤은 들어보았을 법한 세계적인 그룹 'ABBA' 의 노래들을 바탕으로 꾸며지는 뮤지컬 '맘마미아' 와 영화 '맘마미아' 도 향수 마케팅의 대표적인 성공 사례이다.

향수 버튼은 또한 기성세대와 신세대 소비자의 중간 매개체 역할을 할 수 있다는 점에서도 그 가치가 있다. 즉 복고 제품들은 기성세대에게는 추억으로 신세대에게는 새로움과 호기심의 대상이 된다. 최근 유행의 중심에 있는 '디지로그digilog' 제품들이 그 예라고 할 수 있다. 디지로그란 수동카메라의 기능이 되는 디지털 카메라, 자신의 필체를 직접 남길 수 있는 메신저 기능과 같이 아날로그적인 요소들을 디지털 기기를 통해서 전달하는 새로운 형태의 디지털 제품과 그 방식을 말한다. 기성세대에게는 더 나은 기능을 겸비한 친근한 제품으로, 신세대에게는 다양한 기능과 역사 그리고 고유성을 가진 뛰어난 제품으로 새롭게 다가갈 수 있게 된다. 이와 더불어 소비자들은 디지로그 제품을 사용함에 있어 까페나 동호회 등을 통해 제품의 아날로그적인 성향을 공유해줄 기성세대와 제품의 디지털적 성향을 공유할 신세대간의 교류를 하기도 한다.

향수 버튼을 통하여 과거와 현재를 적절히 조합하고 이것을 기성세대 소비자와 신세대의 소비자들 모두가 즐길 수 있는 좀 더 통합적인 서비스를 만들어 갈 수 있다는 점에서 의의가 크다.

한국인에게는 서양의 개인주의적 문화와는 반대편에 있는 집단주의 심리가 매우 강하다. 특히 정(情)이란 정서는 한국인의 사회관계를 강화시켜주는 역할을 수행하고 있다.

한국인은 타인과의 관계 속에서 자신을 규정하며, 타인과의 관계는 정(情)이라는 끈이 이어졌을 때 강화된다. 정의 기본 심리는 상대를 아끼는 '배려' 의 마음이다. 이러한 마음을 상대방에게서 느끼게 되면 상대와 나의 관계는 '우리' 로 전환되게 된다. 한국인은 '우리(we)' 를 체험할 때 심리적 안정감과 자기 가치를 느끼며, '우리' 의식은 정을 느낄 때 생겨나고, 정을 느끼면 남이 우리로 함께하게 된다. 정서적 공감대가 가지는 성격에 따라 물론 미운정도 있을 수도 있고, 고운정도 있을 수 있다. 정은 시간이 지남에 따라 강화되기도 하고, 식어가기도 하는데 인정(人情)이 계속 들어가면 정이 많은 다정(多情)의 상태가 되며, 일단 다정한 상태에 이르면 쉽게 정을 옮기지 않는 특성이 있다.

결론적으로 향수 버튼은 올바른 정(情)이 실현되어 다 같이 행복한 사회를 지향하는 한국인의 정서에 매우 적합성이 높은 감성버튼이다. 한국적인 정서와 휴머니즘을 담아 친밀감과 편안함을 느끼게 해주는 박카스 **박카스®** 광고와 감동과 따뜻한 이야기의 훈훈함을 보여주는 다정 다감 쵸코파이의 경우가 한국인의 향수버튼을 활용하여 소비자와 브랜드 관계만족도를 강화하고 있는 대표적인 사례들이다.

Case 12

앨비스 프레슬리
Elvis Presley

록큰롤의 황제 엘비스 프레슬리를 기억하는가? 아직도 그를 기억하고 추억하는 많은 팬들은 미국 멤피스에 위치한 엘비스 프레슬리의 생가 '그레이스 랜드' 를 찾아가 그의 흔적을 느끼고 온다. 그레이스 랜드는 현재 소유주인 엘비스 프레슬리의 딸 리사 마리 프레슬리가 팬들을 위해 집을 개방 한 것으로 시작되어 현재 미국에서 가장 인기 있는 가정 박물관(home museum) 순위 5위 안에도 포함될 만큼 전 세계인의 사랑을 받고 있다. 매년 60 만 명이 넘는 관광객들이 이곳을 찾고 있어서 멤피스가 '엘비스 프레슬리의 도시' 라는 이름을 가질 정도로 엘비스 프레슬리 관련 관광 상품 개발로 지역경제가 활성화되었다. 그 결과 2006년 미국 정부로부터 '그레이스 랜드' 는 미국의 국가지정 공식 사적으로 정식 등록되었다. 그레이스 랜드의 맨션투어는 그의 생가를 박물관식으로 개조해서 생전에 그가 즐겨 사용했던 소파부터 그의 역대 히트 레코드판을 진열해 놓음으로서 '엘비스 프레슬리' 라는 개인 브랜드에 대한 방문객들의 향수(nostalgia)를 자극시킨다. 생가와 박물관을 지나보면 마지막으로 엘비스 프레슬리의 묘소가 나온다. 그의 묘소 상단의 유리관 안에 꺼지지 않고 활활 타오르는 불꽃을 보면서 방문객들은 아직도 살아 숨 쉬는 엘비스 프레슬리를 느낄 수 있다.

Case 13

하드락 카페 Hard Rock Cafe

1971년 런던의 올드팍 거리에서 시작된 Hardrock Cafe는 정통 미국식 음식점으로 런던 어디에서도 미국식 버거와 시원한 맥주를 접할 수 없었던 미국인 이삭 Isaac Tigrett 과 피터 모건 Peter Morton 이 창업하게 되었다. 하드락 카페는 다른 레스토랑 데코레이션과 달리 록큰롤을 기념할 만한 상품들을 전시 판매하였다. 그리고 지금은 이 아이디어가 하드락 카페를 찾는 주된 이유가 되었다. 런던에서 개업한 미국식 레스토랑이 25년의 역사를 쌓으며 지나도록 국제적인 명성을 얻으며 발전한 이유는 최상의 서비스와 최고의 음악, 그리고 전통 락큰롤 분위기로 방문객의 향수를 만족 시켜주는 공간을 창조하는데 성공했기 때문이다. 록큰롤 분위기는 전 세계에서 수많은 음악 관련 이벤트를 통해 명성을 날리고 음반 산업 역시 하드록 카페에 큰 애정을 가지고 있다. 런던의 Hardrock Cafe에서는 지난 29년 동안 Paul McCartney, Jackson, Elton John, Sting, Aerosmith, Chissie Hyde, George Harrison, Peter Gabriel, Whitney Houston과 같은 거의 모든 스타들의 공연이 이루어졌다. 스타들의 즉흥 연주도 열려 각광을 받기도 했는데, Eric Clapton과 Jeff Beck의 공연, 1995년 7월 듀엣으로 'You' ve Lost That Loving Feeling' 을 부른 Sting과 Elton John, 1973년3월 Paul McCartney는 런던의 Hardrock Cafe에서 첫 번째 비틀즈 이후의 곡을 선보이기도 했다. Bob Geldof는 버킹검궁에서 수여된 기사작위를 기념하기 위한 장소로 Hardrock Cafe를 선택하기도 했다. 고객들에게 비틀즈나 엘비스 프레슬리 같은 과거 록큰롤 스타의 음악을 듣고 전시물품들을 전시하여 고객들에게 향수를 느낄 수 있게 하였다. 결국 하드락 카페는 록큰롤이라는 음악을 모티브로 방문객에게 과거 추억과 향수를 성공적으로 선물해 주고 있다.

2) 희망 버튼

최근 긍정 심리학에 대한 관심이 높아지면서 삶 Life의 문제나 우울증의 극복뿐만 아니라 의지력과 강점을 개발함으로써 긍정적인 삶의 자세를 가질 수 있는 방법에 대한 연구가 주목받고 있다.

인간이 가진 긍정적 특질 즉 희망, 낙관성 등은 스트레스와 같은 삶의 위험 요소의 영향으로부터 개인을 보호하는 완충작용을 할 수 있다. 희망 이론에서 희망hope은 기존의 정서적 측면에서의 희망에 대한 관점이 아니라 희망을 인간이 지닌 하나의 기질로 정의하고 있다. 그리고 희망의 인지적 측면과 목표 추구, 목표에 대한 동기의 특징 등 다양한 이슈가 연구되고 있다.

Snyder(2002)는 '희망' 이란 자신이 바라는 목표를 이끌어낼 수 있는 지각된 능력이며 이러한 목표에 도달하기 위한 방법과 동기를 말하는 것이라고 정의하였다. 이는 인간의 행동이 목표 지향적이라는 전제에서 제시된 것이다. 긍정적 기대는 희망과 밀접하게 관련되어 있고 목표달성이 가능한 방법들을 찾아내고 목표를 성취하는 개인의 인지능력을 포함하는 경로사고pathway thinking와 희망에 동기 부여적 관점을 부여하여 '난 할 수 있다' 는 개인 의지력에 대한 대리인 사고agency thinking가 지속적으로 반복되어 학습되고 이러한 사고들은 목표추구 과정에서 일련의 정서들을 수반

한다는 것이다.

목표 추구 과정 속에서 높은 희망을 가지고 있는 사람들은 개인 상호간의 관계에서 더욱 긍정적이며 타인에 대한 애정이 강하며, 희망이 낮은 사람들은 목표 추구가 진행되면서 직면하는 스트레스에 쉽게 굴복하고 목표를 추구하는 노력에 대해 부정적, 수동적인 감정을 일으킨다. 따라서 희망이 높은 사람들은 스트레스를 하나의 도전으로 인식하여 스트레스를 뛰어 넘기 위한 대안적인 경로들을 만들어내며, 그 경로들을 적절하게 사용하고자 하는 동기를 활성화하면서 성공적으로 목표를 달성하는 과정에서 얻어진 긍정적인 감정들이 그들의 희망적 사고를 더욱 강화시키게 된다.

희망을 배운 환자들이 그렇지 않은 환자들보다 병을 더 쉽게 치유하였다는 결과와 스포츠 심리학에서 희망이론을 적용한 훈련이 더욱 효과적이었다는 결과들이 Snyder의 희망이론을 지지해주고 있다.

최근 연구에 의하면 한국의 소비자들은 미래의 성취를 위해 노력과 의지력 그리고 인내와 같은 '자기 조절' 을 매우 소중한 가치로 생각하고 있고, 스트레스 상황에 대한 대처방법에서도 적극적인 문제해결보다는 인간관계를 통한 정서적 지원을 선호하는 것으로 조사되었다. 이는 관계 relationship를 중요시하는 전통적인 한국인 정서가 반영된 결과로 목표

달성 과정에 있어 감정적인 영향을 많이 받는 것으로 해석할 수 있다. 경제 불황기에 자주 등장하는 희망 광고나 누군가의 목표 달성 과정에 어깨를 두드려주고 격려하는 모습을 보여주는 광고들은 소비자들의 이러한 희망버튼을 자극하는 것이다.

SK 텔레콤 SK telecom 은 고객의 일상에서 고객의 생각과 희망을 실현해줄 수 있는 브랜드임을 강조하는 '생각대로 T' 캠페인을 성공적으로 진행한 바 있다.

희망 버튼을 구성하는 또 하나의 중요한 재료는 '꿈' dream이다. '드림 소사이어티'의 저자 롤프 옌센(Rolf Jensen)은 차가운 논리와 기술적이고 합리적인 사고를 기반으로 하는 정보사회에 뒤이어 감성적이고 비물질적인 요소가 상품을 선택하고 구매하게 만드는 드림 소사이어티 Dream Society가 등장하고 있다고 말하고 있다. 이는 개인, 기업, 사회가 데이터나 정보가 아니라 '스토리'와 '감성'을 바탕으로 돈과 성공을 만들어가는 새로운 사회를 말한다. 다가오는 드림 소사이어티에서 중요한 것은 성공적인 커뮤니케이션이다. 적절한 시기에 목적에 맞게 빠르고 명료하게 메시지를 전달하는 능력은 IQ가 아닌 EQ 즉 '감성지능'에 의해 결정된다. 소비자들의 감성을 자극할 수 있는 이야기를 가진 브랜드는 소비자들과의 커뮤니케이션에 있어 절대 우위를 점할 수 있다.

예를 들어 타이타닉 호는 사회적 지위, 이야기, 드라마적인 요소를 갖춘 여객선으로 영화, 책, 뮤지컬 등으로 계속해서 회자되고 있다. 담양의 대나무골, 제주도의 소인국 테마파크와 선녀와 나무꾼, 분당 율동공원 책 테마파크 등 이미 국내에서도 이야기가 있는 테마공원의 형태를한 공원 시설들도 소비자들의 관심을 끌고 있다.

꿈과 관련된 감성시장은 모험, 관심, 신념을 위한 시장의 형태로 나타날 수 있다.

첫째, 인간은 '모험'을 갈망한다. 모험을 즐기기 위해 열기구를 타기도 하고, 산에 오르기도 하며 번지점프에 도전하기도 한다. 또한 위대한 영웅들의 이야기부터 개인이 겪은 사소한 경험들을 엮어놓은 모험담은 대화에 빠지지 않는 소재가 되곤 한다.

둘째, 사람들은 자신의 '관심'을 제공하려는 욕구를 가지고 있다. 우리는 누군가에게 관심을 받고 있다는 것이 얼마나 행복한 일이며 다른 사람들에게 관심을 가지고 배려를 해줌으로써 더욱 끈끈한 인간관계를 형성할 수 있다는 것을 알고 있다. 장난감 시장에서 대 히트를 친 다마고찌는 주인으로 하여금 관심을 제공할 기회를 줌으로써 소비자들의 욕구를 충족시켜주었으며, 장수와 건강을 추구하는 현대 소비자들의 관심과 욕구에 부응하여 건강관련 서비스가 전문화, 고급화되어가고 있다.

셋째, 사람들은 누구나 강력한 사고의 산물인 '신념'을 가지고 있다. 종교적 경험이나 초월적 존재에 대한 신앙 또한 신념이다. 세계적인 환경단체 그린피스는 신념만을 판매하는 기업으로 우리에게 세계적인 환경경찰이 있다는 사실을 알려주며 신념 시장의 중심에 서있다. 소비자들은 자신의 신념에 의해 독립적이고 개별적으로 제품을 구매하며 자신의 신념을 강화시켜줄 수 있는 가치를 요구한다. 결국 향후 기업은 상품뿐만 아니라 신념을 통해 상품을 판매할 것이다. 최근 더욱 강조되고 있는 기업의 사회적 책임(CSR: Company Social Responsibility)도 기업이 고객과 지역사회에 '꿈'과 '신념'을 제조, 판매하는 기관으로 발전하고 있다고 드림 소사이어티 시각에서 해석할 수 있다.

Case 14

버진그룹
Virgin Group

영국의 대표 모험가이자 기업가인 리처드 브랜슨은 음반, 항공, 콜라, 콘돔, 금융, 화장품, 미디어, 철도, 의류 등 분야가 각기 다른 350개의 사업마다 대 성공을 거둔 버진(Virgin) 그룹의 '괴짜 창업자 CEO' 이다. 그의 기업 철학은 사업은 무엇보다도 '재미' 가 있어야 한다는 것이다. 버진은 이질적인 사업에서 동일한 브랜드 명과 정체성을 활용해서 버진이 추구하는 재미 즉, 일상적인 아이러니와 유머감각, 그리고 솔직한 커뮤니케이션으로 고객들을 이끌고 있다. 고객을 팔꿈치로 살짝 찌른다거나, 윙크를 하는 행동은 고객에게 친절함과 재미를 준다. 또, 버진항공은 "자부심은 크게 갖더라도 가방만큼은 7kg 한도를 지켜주세요" 라는 문구로 기내반입 화물크기 문제로 고객과의 실랑이를 최소화할 수 있었다. 1996년의 버진 콜라 출시는 유명배우 '파멜라 엔더슨' 의 몸매를 연상시키는 독특한 곡선의 콜라병으로 고객들에게 재미를 제공하였다. 버진의 CEO인 리처드 브랜슨은 과거 난독증과 고졸 학력의 편견을 이겨낸 자신만의 도전정신과 그 와중에서도 유머와 재미라는 기업 브랜드 개성으로 전 세계 고객들에게 재미는 물론 꿈과 희망을 주는 기업으로 성장하고 있다.

Case 15

디즈니
Disney

세대를 막론하고 전 세계인들이 사랑하는 만화 캐릭터는 바로 빨간 보우타이를 맨 생쥐, '미키 마우스' 일 것이다. 만화영화 제작자인 W.디즈니가 1928년 프로덕션을 설립하면서 월트 디즈니사는 미키 마우스 뿐만 아니라 백설공주, 피노키오, 신데렐라, 인어공주 등을 통해 사람들에게 '꿈' 과 '환상' 을 심어주는 기업으로 성장하여 왔다. 디즈니사는 사업을 확장해 캐릭터 상품, 출판(히페리온), 음악(할리우드 레코드), 호텔(딕시랜드스 호텔), 외식업 등에도 진출했지만 이들 중 백미는 단연 디즈니랜드이다. 디즈니랜드는 미국 캘리포니아주(州) 남서부 애너하임에 있는 세계적인 테마파크로 개장 이후 총 입장자 수는 2억 명을 넘어섰으며 연간 입장자가 1,000만 명을 넘는데 입장객중 70%가 성인이다. 디즈니는 인종이나 국경을 불문하고 방문객의 꿈을 무엇보다도 중요시하고 이를 통해 컨셉의 통일을 유지함으로써 재방문율을 높이고 전 세계인들의 희망을 키워주는 꿈의 기업이 되었다.

Case 16

아베다
AVEDA

AVEDA
the art and science of pure flower and plant essences

전 세계 여성들의 화장대를 웰빙 열풍으로 몰고 갔던 장본인이 있다면 그건 바로 친환경 자연주의 화장품 회사인 아베다 일 것이다. 1978년 아베다의 창립자 호스트 레켈바커가 순수 꽃과 식물을 기초로 만든 것에서 비롯된 아베다는 전 세계 수많은 여성에게 피부자극을 줄여주고 스파 spa를 통한 피로회복을 제공하면서 많은 인기를 얻고 있다. 특히 아베다의 스파 서비스는 고객들의 스트레스를 덜게 해주고 심신을 편하게 해주는 마사지와 허브 차를 통하여 고객들로 하여금 자신이 특별하게 관심을 받고 있다는 생각을 들게 한다. 그리고 유기농 음식점도 운영하면서 고객뿐 아니라 직원들에게도 건강한 음식을 제공하고 있다. " Beauty is as beauty does" 라는 아베다의 브랜드 슬로건처럼 단순히 화장품 판매에 급급하지 않고 아베다는 환경운동에도 앞장서고 있다. 미네소타주에 있는 공장의 전력을 100% 풍력으로 전환하고 모델들도 재활용 물병을 쓰게 하는 등 실질적인 환경운동을 통해 기존의 다른 화장품 업계들이 가지고 있던 환경파괴적인 이미지를 불식할 수 있었다. 대신 향기로운 아로마 테라피와 마사지 그리고 피부를 더욱 좋아지게 하는 화장품을 제공해 여성들에게 꿈과 희망을 주는 기업으로 성장하고 있다.

3) 사랑 버튼

브랜드-소비자 관계 개선을 위한 감성화 작업의 마지막 버튼은 바로 '사랑' 이다. 사랑 버튼을 논의하기 위하여 가장 대표적인 사랑 이론을 간략히 살펴보기로 하자. 사랑을 구성하는 핵심 개념들은 무엇인가?

지능 연구의 대가인 로버트 스턴버그(Robert Sternberg)와 수잔 그레이젝(Susan Grajek)이 사랑 경험이 있는 18세 이상 70세 미만의 남녀 85명을 대상으로 조사한 결과에 의하면 사랑은 크게 열정passion, 친밀감intimacy, 책임감commitment이라는 3 가지 요소를 통해 만들어 진다고 한다. '열정' 을 통해 처음 사랑을 느끼며 지속적인 만남을 통해 '친밀감' 을 형성해서 미래에도 함께 할 것을 약속하고 서로에 대해 앞으로도 존중하고 살아갈 것을 책임지는 '책임감' 을 가지게 되는 과정을 통해 사랑이 형성되고 완성된다. 두 사람이 만나서 연애하고 결혼하는 과정에서도 이러한 3가지 요소가 적용된다는 것을 알 수 있다.

남녀 관계에 기초한 사랑의 3요소가 소비자와 브랜드 관계에서도 비슷하게 작용할 수 있다는 전제가 사랑 버튼 개념의 출발점이다. 사람에게 열정이란 로맨틱한 감정과 신체적 매력을 통한 성적 결합을 의미하듯 브랜드에 대한 열정이란 특정 브랜드를 소유하고 싶은 소유욕을 의미한다. 둘째,

서로 가까워지고 친숙해지는 느낌을 말하는 친밀감은 브랜드에서는 오랜 기간의 구매 경험을 통해 친숙한 느낌을 뜻한다. 셋째, 사랑을 형성하는 마지막 기둥인 약속과 책임감은 장기적인 관계에 대한 믿음을 뜻하므로 브랜드 관계에서는 브랜드에 대한 영원한 충성을 의미하는 것이라고 볼 수 있다.

심프와 메든 Shimp & Madden(1998)은 스턴버그의 사랑의 '삼각이론'을 소비자와 제품 관계 연구에 응용하였다. 그 결과 사랑의 3요소들 간의 믹스를 통하여 사랑 받는 브랜드의 7가지 유형들을 도출하게 되었다. 최순화, 이민훈(2006)은 한국 시장 맥락에서 이들 7가지 유형을 사례를 중심

표 5.2 사랑받는 브랜드의 7가지 유형

유형	친근감	열정	책임감	대표사례
1. 소꿉친구 사랑(Childhood Friendship)	High	Low	Low	네슬레
2. 탐닉적 사랑(Addiction)	Low	High	Low	플레이보이
3. 실리적 사랑(Functionalism)	Low	Low	High	비자카드
4. 낭만적 사랑(Romance)	High	High	Low	맥도날드
5. 가족 같은 사랑(Kinship)	High	Low	High	P&G
6. 복종적 사랑(Enslavement)	Low	High	High	루이비통
7. 완성된 사랑(Consummation)	High	High	High	애플

자료: 최순화, 이민훈(2006) "사랑받는 브랜드의 조건", 삼성경제연구소

으로 아래와 같이 체계적으로 정리하고 있다.

소비자와 브랜드 사이 친밀감, 열정, 책임감 3가지 조건이 모두 완벽하게 구축한 아우라 브랜드는 완전한 사랑을 구현하게 된다. 완전한 사랑으로 불리는 이 유형은 지속적으로 히트상품을 출시하며 소비자와의 돈독한 관계를 강화하는 프리미엄 장수 브랜드에서 나타난다. 이 유형은 감성적, 논리, 책임감이 모두 충족되어야 가능한 관계로 기존 히트 브랜드가 계속적인 리뉴얼과 사회 봉사에서 수십년간 지속적인 성과를 발생시킨 경우에만 가능하다.

대표적인 예로 i-Pod, i-Mac등으로 유명한 애플 (Apple)사를 들 수 있다. 창업자인 스티븐 잡스가 고안한 편안한 이미지의 사과 모양의 로고와 함께 애플사의 제품들은 첨단 제품임과 동시에 소비자의 일상이 되어버린 생활 속의 브랜드이기도 하다. 창업자 스티븐 잡스의 천재성과 드라마 같은 기업 스토리는 소비자에게 흥미와 관심을 유발하며 이후에도 최근 30년간 가장 성공적인 디자인으로 평가 받는 i-Pod, i-Mac등 신제품라인의 지속적인 개발을 통하여 소비자들로 하여금 '애플' 이라는 브랜드에 지속적인 열정을 일으키고 있다.

필자는 사랑 버튼을 형성하는 세 가지 기둥 중에서도 열정(passion)이 가장 핵심적인 사랑의 요소라고 생각한다.

열정은 좀 더 분석해 보면 인간내면 깊숙이 자리 잡고 있는 섹스충동과 밀접히 연결되어 있다. 프로이드(Freud)의 정신분석 주요 개념 중 하나인 본능 이론은 인간 성격의 중요한 추진력을 추동drive 혹은 충동impulse으로 본다. 프로이트는 본능은 행동을 추진하고 방향을 결정하는 동기로 에너지의 한 형태로 신체적 욕구와 정신의 소망을 연결한다고 보고 삶life과 죽음death의 두 가지 범주로 본능을 구분하였다. 삶 본능은 인간의 생존을 위한 식욕, 성욕 등과 같은 생물학적 욕구를 충족시키는 것과 관련된다. 프로이드는 삶 본능에 의해 나타난 정신 에너지를 리비도libido라고 하였으며, 삶 본능은 성sex와 관련이 있는 것으로 단순히 남녀간의 애욕을 의미하는 것이 아닌 인간에게 쾌락을 주는 모든 행동과 생각을 포함한다고 정의하였다.

융(Jung)은 리비도 개념을 확장하여 리비도를 성 뿐만 아니라 다른 삶의 에너지를 포함한 정신 에너지로 보았다. 그는 인간은 태어날 때부터 본질적으로 양성을 가지고 태어났다는 가설을 지지하였다. 남성성의 속성은 이성logos이고 여성성의 속성은 사랑eros이며, 남성의 내부에 있는 여성성은 아니마anima, 여성 내부에 있는 남성성을 아니무스animus라고 하였다. 융의 이론에 의하면, 여성은 그들의 무의식에 존재하는 로고스를, 남성은 자신들의 무의식에 존재하는 에로스를 이해하고 개발해야 성숙된 인간이 된다는 것이다.

이들 성격심리학에 따르면 인간은 삶의 본능에 따라 쾌락을 주는 모든 행동과 생각을 가지게 되며, 여성과 남성 모두 의식적이든 무의식적이든 '사랑' 에 대한 열정을 가지고 환경의 요구에 조화를 이루며 살아가려 한다. 인간은 누구나 사랑과 성에 대한 욕구와 열정을 가지고 있으나 때로는 이것이 사람들의 억압에 의해 무의식에 숨겨져 버리게 된다. 무의식은 우리가 자각하기 못하는 경험과 기억이며, 이러한 무의식은 본능에 의해 지배되고 인간행동의 중요한 추진력이 되는 것이다. 따라서 인간 무의식에 존재하는 성에 대한 본능을 자극하는 성적 소구의 방법으로 인간의 행동을 촉진시킬 수 있다. 성적 소구sex appeal 를 통한 마케팅이 소비자의 시선을 단기간에 사로잡고, 브랜드 인지도를 높여주며, 소비행동의 변화를 유발하는 수많은 사례들을 통해 이러한 가설들이 지지되고 있음을 살펴볼 수 있다.

영국 버진(Virgin) CEO 리처드 브랜슨은 성공적인 브랜드 차별화를 위해 섹시한 브랜드를 만들 것을 제안한바 있다. 소비자들의 무의식에 숨어 있는 성적 본능을 자극함으로써 브랜드에 대한 감성적인 반응을 통해 호의적인 태도를 이끌어 낸다는 것이다. 섹시함은 성별과 나이를 불문하고 모든 소비자들의 시선을 끌고, 그들의 본능을 자극하기에 부족함이 없는 브랜드 컨셉이 될 수 있다. 섹스어필은 이미지 변신을 위한 효과적인 방법으로도 사용되고 있다. 1950~60년대 이미 전성기를 누렸던 구찌(Gucci) 역시 90년대에 들어서서 기울어져 가는 구찌의 이미지 쇄신을 위해 섹스어필 전략을 사용하여 브랜드 이미지를 리뉴얼하는데 성공한바 있다. 구찌는 고소득, 고학력의 여성에게 섹시함을 강렬하게 어필함으로써 그들의 본능을 자극하였고, 노골적인 섹스어필 전략을 통해 패션계의 선두로 다시 자리 잡을 수 있었다.

캘빈클라인의 경우 10대의 브룩쉴즈의 '캘빈과 저 사이에는 아무것도 없어요' 라는 속삭임을 담은 광고가 나가자마자 그 다음 주에 청바지가 무려 40만 장 이상, 한달만에 200만 장 이상 팔리는 대기록을 세운 바 있다. 1980년대 이후 향수의 비중을 점차 높인 캘빈 클라인은 20대 초반에서 30대 초반을 주 고객으로 하여 섹스어필의 측면을 강조하는 옵세션(Obsession)의 경우 18살의 케이트 모스의 누드사진으로 새로운 에로티시즘 논쟁의 불씨를 지피게 된다.

결론적으로 섹스 어필을 포함하는 '열정' 과 '친밀함' 그리고 '책임감' 이라는 세 가지 요소를 믹스한 사랑 버튼을 통하여 브랜드의 감성화 작업은 가속화 될 수 있고 브랜드와 소비자의 관계는 무의식적인 결합의 단계로 발전할 수 있는 것이다.

Case 17

홀마크 카드
Hallmark Cards

E-mail로 전하지 못하는 감사의 마음, 축하의 마음, 위로의 마음을 전하는 가장 간단한 방법은 홀마크의 카드를 쓰는 것이다. 홀마크는 미국의 인사 카드 및 기프트 사업 전문업체로서 왕관 마크의 다양한 종류와 정성이 깃든 카드는 고객이 자신이 소중하게 대접받고 배려 받는다고 느끼게 한다. 특히 홀마크 카드의 광고는 그 광고만을 소재로 하는 논문이 있을 정도로 유명하고, 오랫동안 유사한 컨셉의 캠페인을 펼쳐오고 있다. 몸과 마음이 지친 한 여인이 문득 타게 된 택시의 기사님이 마치 자상한 상담자처럼 자신의 마음을 알아주더니 심지어 한 장의 카드로 지친 그녀의 영혼을 달래준다는 내용의 광고는 홀마크가 추구하는 사람과 사람들의 소통, 교감을 잘 나타내 준다. 한 장의 카드를 보내면 자신들의 삶이 풍요로워 진다는 메시지를 전달하면서 '사랑' 이라는 가치와 이미지를 통하여 고객의 사랑버튼을 충분히 자극시키는 홀마크는 감성화된 브랜드의 대표적인 사례라고 볼 수 있다.

Case 18

밴앤제리 Ben & Jerry

밴엔제리는 1978년 5월5일 주유소를 개조한 곳에서 아이스크림을 팔기 시작하였다. 창업주인 벤 호헨과 제리 그린필드는 아이스크림 사업에는 전혀 경험이 없었지만 이들은 맛만 훌륭하다면 돈을 벌 수 있다고 굳게 믿었다. 특히 높은 품질의 아이스크림을 만드는데 집중하였는데, 높은 유지방 함유율과 다량의 첨가물이 특징이었다. 이는 풍부하고 부드러우면서도 강렬한 맛이 나는 아이스크림이 되었는데 이는 계획적이라기 보다는 우발적인 결과이다. 왜냐하면 개발자 벤 코헨이 미각과 후각을 거의 상실하여 미묘한 맛의 차이를 느끼지 못했기 때문이었다. 처음 문을 연 이들의 가게는 개점 2개월 후 문을 닫으면서 써 붙인 안내문에는 " 오늘 쉬는 것은 우리가 남는 장사를 하고 있는지 헤아려 보기 위함입니다." 라고 했을 만큼 그들의 사업은 소박(funky)했다. 벤과 제리는 자신들의 사업을 소박한 것으로 강조했는데 그 의미는 정직하고 속임수를 쓰지 않고 제품을 집에서 직접 만든다는 뜻이었다. 그럼에도 계속해서 비용을 덜 신경쓰고 환경 친화적 자연 우유만을 재료로 선택했다. 이는 하겐다

즈, 베스킨 라빈스 같은 대량 표준화된 사업의 비인간성과 차별화하기 위한 의식적인 노력의 일환이었다. 하지만 그것으로 그치지 않고 인간적 자본주의를 실천하고자 임원의 임금이 급여가 가장 낮은 직원의 5배가 넘지 않도록 하고, 환경피해를 줄이기 위한 사업 그리고 저지방 요구르트 판매 등 고객의 건강에도 각별한 관심을 쏟았다. 미국에서 벤엔제리는 사랑을 토핑한 아이스크림 이라는 고객 신뢰를 쌓을 수 있었고 창업에 대한 인간적 동정과 친밀감을 통하여 가장 사랑받는 아이스크림 브랜드로 성장하고 있다.

Chapter Summary 5장 요약

▶ I-D-E-A 개성 구축을 통한 관계 향상

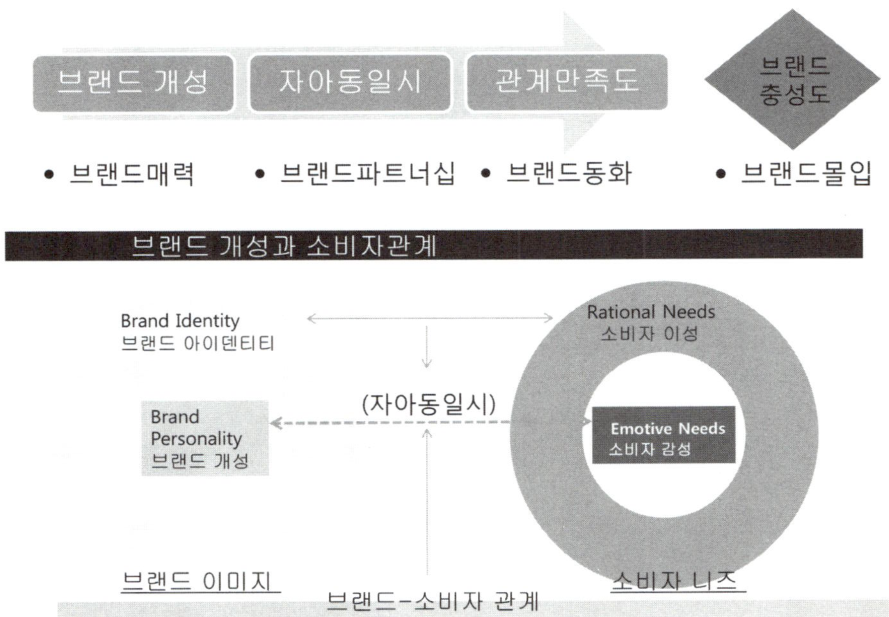

▶ I-D-E-A 감성 버튼을 통한 관계 구축

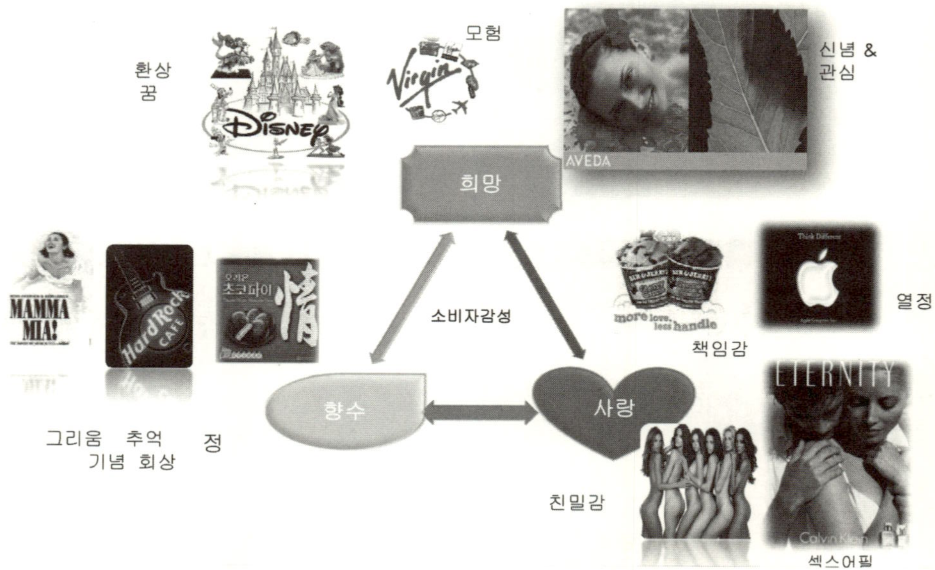

CHAPTER 06

아우라

6.1 브랜드 스토리

6.2 오감 만족을 통한 호스피탈리티 창조

Whatever I do with a brand, it should nurture me at the levels of body, mind and soul.

- Deepak Chopra, Chairman and Co-Founder of the Chopra Center

A
E
D
I

06 아우라

아우라는 본래 사람이나 사물에서 발산하는 기운 또는 영성 spirituality을 뜻하는 말이었으나 1936년 월터 벤야민 Walter Benjamin이 《기술복제시대의 예술 작품》이라는 논문에서 이 단어를 사용하게 됨으로써 예술 개념으로도 사용되게 되었다. 아우라는 유일한 원본에서만 나타나는 것이므로 사진이나 영화와 같이 복제된 작품에서는 아우라가 발생될 수 없다. 필자는 아우라가 발생하는 브랜드 소위 '아우라 브랜드'를 다음 세 가지를 만족시키는 브랜드로 정의하고자 한다.

첫째, 기간이다. 아우라를 발생시키는 데는 최소한 한 세대 즉 30년이라는 물리적 시간이 필요하다. 본서의 브랜드 아우라 모델에서 본 것처럼 일반적으로 아이덴티티를 만들고 이미지를 차별화하는 데 최소 10년이 걸린다. 그리고 브랜드 감성화 작업이 최소 10년 이상 필요하다. 따라서 아우라 브랜드의 첫 번째 필요 조건은 차별화와 감성화 작업이 성공적으로 달성된 30년 이상의 장수 브랜드가 되는 것이다.

둘째, 아우라 브랜드는 한 지역 또는 특정 국가의 국경을 뛰어넘는 글로벌성을 가지고 있어야 발생 할 수 있다. 글로벌성이란 문화적 차이를 극복한 보편성을 확보했다는 사실을 말해준다. 따라서 유럽, 아시아, 미주 대륙등 소위 글로벌 경제 3개 중심지 중에서 최소한 2개 이상의 지역에서 인지도, 선호도, 충성도를 확보한 브랜드이어야 한다. 특정 지역이나 특정 국가에서만 사랑받고 판매되는 브랜드는 아우라급 브랜드가 될 수 없다.

셋째, 해당 산업 역사책에 기록될만한 수준의 오리지날리티를 가지고 세계 최고를 지향하는 장인 정신과 매니아 소비문화가 어우러진 브랜드로서 오감 충족면에서도 그 분야의 최고수임을 보여줄 수 있어야 한다. 이 같은 브랜드 진정성이 역사와 보편성을 확대해 갈 때 아우라는 자연히 발생하게 된다.

글로벌 브랜드 중에서는 '코카콜라', '애플', 'BMW', '할리데이비슨' 등과 '에르메스'를 시작으로 하는 유럽계 명품 브랜드들이 대표적인 아우라 브랜드에 해당된다. 안타깝지만 위의 3가지 조건을 모두 갖춘 한국산 아우라 브랜드는 아직 없다고 평가할 수 있다.

그러나 기업 브랜드 중에서는 '삼성전자 SAMSUNG' 와 '포스코 posco' 등이 제품 브랜드 중에서는 '신라면' 과 '박카스 박카스' 등이 그리고 지역 브랜드 중에서는 '제주특별자치도 Jeju' 가 가장 아우라 브랜드에 근접해 있다고 평가할 수 있겠다.

파리 샹젤리제 거리에 루이비통 LV LOUIS VUITTON 을 사기 위해 아침부터 줄을 서 있는 일본인들, 할리데이비슨 소유자들의 커뮤니티 모임 H.O.G(Harley Owners Group), 마놀로 블라닉 MANOLO BLAHNIK 의 구두를 보면서 "My Baby!" 를 외치는 여성들, 남자들의 로망이라 불리는 스포츠 카 페라리 Ferrari 등과 같은 아우라 브랜드들은 소비자와 브랜드의 관계를 제품을 판매하고 구매하는 단순한 거래 이상의 관계 즉 영혼을 빼앗는 수준으로 상품을 격상시킨 사례들이다.

이 브랜드들은 소비자와 보다 복합적이고 다차원적인 관계를 가지고 있다. 아우라 브랜드에 열광하는 소비자는 브랜드에 대한 사랑 이상의 열성적, 심지어 영적인 몰입을 보인다. 마치 영성체가 있는 것처럼 브랜드에 열광하는 것이다. 요약하면 브랜드 아우라는 브랜드 구축의 최종 단계로 모든 기업과 지방자치 단체 브랜드 마케터가 추구하는 불멸의 소망이자 꿈이다. 아우라 브랜드는 크게 명품 브랜드와 컬트 브랜드로 분류할 수 있다.

명품 브랜드는 최고의 장인들이 만드는 100년 이상 역사를 가진 최상위 브랜드로서 희소성 가치가 매우 높고 대중 브랜드에 비해 10배 이상의 가격 프리미엄을 가지고 있는 브랜드를 말한다. 명품 브랜드는 브랜드 가치로 인해 높은 가격이더라도 소비자의 지불 용의는 매우 높다. 에르메스의 아우라에 사로잡힌 여성들은 몇 천 만원을 호가하는 켈리백을 대기자 명단에서 기다렸다가 살 정도이다.

한편 컬트 브랜드는 2004년 〈Business Week〉에서 세계의 브랜드를 분석하면서 처음 사용한 용어로서 〈나이키의 상대는 닌텐도다〉라는 책에서 컬트 브랜드cult brand는 주류에서 벗어나 있지만 이를 거의 종교처럼 받드는 소수의 열성 팬들을 보유한 브랜드라고 정의하고 있다. 최근에는 컬트 브랜드의 개념은 소수의 열성적인 팬들에 국한된 개념이 아니라 많은 사람들에게 삶의 중요한 일부로 정착된 라이프 스타일 브랜드를 지칭하는 말로 그 범위가 확장되었다. 따라서 이제 컬트 브랜드는 할리데이비슨 , 애플 , 로모LOMO 와 같은 열렬한 마니아층 소비자가 형성되어 있는 브랜드를 말한다.

특히 아우라를 갖고 있는 브랜드는 브랜드 제품을 사용하는 소비자에게 그 아우라가 전이되기 때문에 소비자의 사랑은 더욱 각별하다. 예를 람브로기니 Lamborghini가 지나간다면 거리의 행인들은 람브로기니에 시선을 사로잡히고 람브로기니를 운전하는 드라이버에게도 같은 아우라를 느끼게 된다.

토이 카메라계의 대명사로 불리고 있는 로모LOMO는 디지털 카메라가 판치는 세상에서 100년의 역사를 자랑하는 브랜드이다. 로모는 디지털 카메라에서는 느낄 수 없는 색감과 구도를 연출할 수 있기 때문에 확실한 아이덴티티를 가지고 있다. 로모는 사진만 보아도 '로모스러움' 을 느낄 수 있기 때문에 로모만의 이미지와 개성을 가지게 되었다. 또한 로모를 사용하는 마니아층 소비자는 자신들을 로모그래퍼lomographers라고 부르며 그들만의 문화를 만들고 있다. 가장 대표적인 것으로는 비정기적으로 열리고 있는 로모 월드 콩그레스(Lomo World Congress)의 로모월Lomowall행사이다. 로모월은 자신들이 로모 카메라로 찍은 사진들을 이용하여 월wall을 만드는 행사로서 로모 브랜드를 강력하게 강화시킨다. 결국 로모는 로모만의 확실한 아이덴티티, 이미지, 개성, 관계를 구축하면서 아우라까지 구축된 컬트 브랜드로 평가받고 있다.

컬트 브랜드란 소수의 사람들만 열광하는 브랜드이지만 이들은 틈새시장의 최강자로 장수브랜드가 될 수 있다. 왜냐하면 일단 브랜드 아우라가 구축되면 기존의 추종자들이 유사한 가치관과 라이프스타일을 가진 소비자들을 지속적으로 새로운 추종자로 만들기 때문이다.

6.1 >> 브랜드 스토리

브랜드 아우라는 다양하고 복합적인 요인에 의해 형성되지만 브랜드 빌딩 프로세스의 전 단계 없이는 절대로 만들어질 수 없다. 아우라를 지닌 브랜드는 오랜 기간 브랜드 가치, 아이덴티티, 이미지, 개성, 고객과의 관계가 철저하게 구축되어 있다. 그리고 브랜드에 대한 이성적인 부분과 감성적인 부분이 결합되어 더욱 강력한 애착과 사랑을 발산하기 시작한다.

더불어 브랜드 아우라는 최소 30년 이상의 역사를 통해서 브랜드 정체성을 대외적으로 커뮤니케이션하는 브랜드 스토리를 가지고 있다. 브랜드 스토리는 해당 브랜드의 독특한 분위기와 매력을 형성하여 브랜드 아우라를 더욱 강화 시켜주는 촉매 역할을 수행하게 된다. 브랜드의 역사란 브랜드가 걸어온 길을 보여주는 것이며, 브랜드 스토리는 역사를 통해 브랜드가 향후 나아가는 길을 제시해주는 나침반과 같은 것이다.

많은 미래학 연구소들이 미래의 주요소비는 비물질적인 속성을 갖게 될 것이며, 상품에 담긴 스토리story와 꿈dream이 그 상품의 구매결정에 있어서 더욱 중요한 역할을 하게 될 것으로 예상하고 있다.

'스토리' 란 가치에 대한 진술로 정의될 수 있으며 이러한 스토리는 상품의 포장과 같은 것으로 감성이 중요시되는 현대사회에서는 제품판매에 있어 결정적인 역할을 수행하고 있다. 브랜드 스토리는 특히 진정성authenticity을 기반으로 풀어나가야 한다. 소비자들은 브랜드에 담긴 의미, 근본, 진실성을 원한다. 따라서 이 같은 번들bundle이 일관된 방식으로 지속적으로 제공되었을 때 스토리에 대한 신뢰성을 보다 높일 수 있다.

1) 브랜드 역사_Brand History

① 창업의 역사

기업의 건국 신화격인 창업자들의 이야기는 사람들의 관심을 끌며 끊임없이 회자된다. 프랑스 샤넬 CHANEL사의 가브리엘 샤넬, 미국 마이크로 소프트 Microsoft 사의 빌 게이츠, 제네럴 일렉트릭사 GE 의 잭 웰치, 일본 소니 SONY 사의 모리타 아키오, 한국 현대중공업 현대중공업의 정주영 등 위대한 창업자들의 창업 스토리는 기업의 설립, 위기극복, 성장과정을 보여주며 기업의 가치와 문화를 대내외적으로 전달하는 최고의 커뮤니케이션 메시지가 되고 있다.

휴렛팩커드 HEWLETT PACKARD 는 전임 CEO 빌 휴렛이 연구개발부서의 창고문이 잠겨있는 것을 발견하고 자물쇠를 절단기로 자르고는 '다시는 이 문을 잠그지 말 것' 이라는 메모를 남겨놓았다는 일화를 통해 휴렛팩커드는 '신뢰' 라는 가치를 추구하고 있음을 역설할 수 있었다. 창업주들의 이야기는 소비자와 이해 관계자들 뿐만아니라 기업 내부직원들에게도 자긍심과 동기를 유발하는 강한 촉매 역할을 수행 할 수 있다.

이탈리아의 살아있는 거장이라 불리우는 발렌티노 가라바니가 은퇴하기 전 촬영한 그의 디자인 작업 현장을 담은 다큐멘터리 필름 'Valentino: The Last Emperor' 가 영화로 개봉된 적이 있고, 코코샤넬이라는 애칭으로 더욱 알려진 가브리엘 샤넬이 파리에 모자점을 개점한 후 여성복 디자이너로 패션계에 진출하여 세계 복식사뿐만 아니라 세계 패션 트렌드에 중요한 페이지를 장식한 디자이너로서의 삶과 사랑을 다룬 영화 '코코샤넬' 이 영화로 제작된다고 한다. 소비자들은 명품 브랜드 '발렌티노VALENTINO' 와 '샤넬CHANEL' 의 창업주 이야기를 영화 '발렌티노' 와 '코코샤넬' 을 통해 접하게 되면서 이들 브랜드에 대한 감성적 애착을 더욱 자극할 수 있게 된다.

② 브랜드 탄생의 역사

창업주들의 이야기뿐만 아니라 제품 탄생의 역사도 소비자와 브랜드 관계를 강화시켜 아우라를 발생시키는 촉매가 된다. 두산의 '처음처럼' 은 알칼리수 소주라는 제품의 탄생 스토리를 이용하여 제품의 기획 단계부터 끊임없이 이슈를 만들어 성공적으로 시장에 진입한 대표적 스토리텔링 사례이다. 처음처럼의 출시초기에 두산은 한사장이 대장암 극복과정에서 알칼리수를 찾게 된 에피소드와 일본에서 알칼리수 생산기계를 찾기까지의 과정 등을 스토리로 만들어 집중 홍보했다. 글로벌 시장을 공략하고 있는 아모레퍼시픽 또한, 창업주가 제주도에 녹차밭을 직접 일군 스토리, 첫물녹차를 수확하는 한국 전통에 관한 스토리를 미국 매장에서 상영함으로써 미국 시장에서 성공적으로 정착하였다.

로마제국 시절에 시저의 병사들이 갈증해소와 질병치유를 위해 이용했다는 알프스 산악지대의 샘물은 천년이 흐른뒤 프랑스 의사 페리에에 의해 녹색 병에 담겨 현재 프랑스에서 가장 잘 팔리는 미네랄 워터가 되었다. 페리에는 이 같은 탄생 스토리를 통하여 페리에가 어떻게 그리고 왜 아무도 모방하지 못하는 독특한 브랜드가 되었는가를 전달함으로써 소비자들의 감성 버튼을 자극하고 그 제품과 그 제품에 담긴 이야기를 기꺼이 구매하고자 하는 욕구를 불러일으킨다.

2) 브랜드 스토리_Brand Story

브랜드 역사뿐만 아니라 브랜드에 관한 각종 스토리를 담았을 때 그 브랜드의 아우라는 더욱 강렬해질 수 있다. 코카콜라 가 콜라의 성분보다 산타클로스를 앞세워 '즐거움' 을 주고, 나이키 는 운동화보다 '승리를 향한 의

지' 를 이야기하고, 할리데이비슨 이 오토바이보다는 '자유' 와 '모험' 을 이야기 하는 것처럼 소비자들과의 긴밀한 관계를 구축함과 동시에 브랜드에 대한 열광적인 지지를 얻기 위해서는 그 브랜드만이 지닌 독특한 스토리가 있어야 한다.

① 브랜드 비하인드 스토리

브랜드와 관련한 비하인드 스토리를 통해 소비자들의 관심과 신뢰를 얻게 되는 경우도 있다. 레고 의 한 직원이 상품포장 과정에서 커터 칼을 잃어버리는 실수를 범했고, 직원들은 모든 시스템을 멈추고 커터칼이 들어간 상자를 어렵게 찾아내는 과정을 제품안전을 위한 직원의 열정이라는 스토리로 풀어내 더 큰 신뢰를 얻게 되었다.

애플 사의 3G휴대폰인 아이폰을 구매했던 영국의 한 남성이 휴대폰 카메라에 담겨져 있던 한 여성의 사진을 인터넷에 올려 이슈가 되었던 적이 있다. 이는 공장 조립공장에서 휴대폰 기능을 테스트하기 위해 찍었던 사진을 지우지 않은 실수를 하여 생긴 일이었으나 이로 인해 소비자들은 아이폰에 관심을 더욱 기울였으며, 아이폰 제조공정의 밝은 분위기에 대해 긍정적인 반응을 나타내었다.

에버랜드 의 한 직원 이야기도 사람의 마음을 움직인다. 어린 학생이 한겨울에 양말도 신지 않은 채, 화장실에서 있는데 한 직원이 그 아이의 발을 손으로 감싸주었다는 신화적 이야기가 전해져서 에버랜드를 감성 브랜드로 발전시키는데 공헌하고 있다.

② 브랜드 구성 스토리

브랜드와 연관된 역사, 신화, 소설에 등장하는 등장인물이나 배경에 기반하여 브랜드 스토리를 만든다면 브랜드 컨셉을 보다 더 강화시킬 수 있다.

로만손 ROMANSON 은 브리지 주얼리 브랜드 '제이에스티나' 의 브랜드 네임을 이탈리아 조반나(Jovanna)에서 가져오면 제이에스티나의 모든 제품들은 그녀의 모습을 형상화하고, 조반나 공주를 중심으로 이야기를 풀어나갔다. 조반나 공주의 이야기를 이용한 제이에스티나 브랜드 스토리는 많은 여성들에게 브랜드에 대한 환상을 강화시키는 촉매 역할을 수행하고 있다.

1964년 사업을 시작한 나이키는 80년대까지도 리복이나 아이다스에 밀려 있었으나 그리스 신화의 승리의 여신 니케(Nike)를 이용해 만든 브랜드 네임과 '스우쉬' (swoosh) 로고는 '나이키 를 신는 한 승리의 여신은 우리 편이다' 는 신화적 스토리에 마이클 조던, 타이거 우즈, 마크 맥과이어, 호나우두 등 영웅적인 스포츠스타들의 성공 스토리가 더해져 소비자들의 브랜드에 대한 환상과 절대적 지지를 이끌어 내었다.

③ 소비자 전설

마지막으로 소소한 일상이나 공감대가 형성될 수 있는 소비자들의 개인적인 사연을 통해 브랜드 스토리를 만들어 낼 수 있다. 애플 은 애플이 다른 컴퓨터와 호환되지 않는다는 편견을 없애기 위해 소비자들의 사연을 활용하여 애플의 장점을 부각시킬 수 있었다. SK 텔레콤 은 '현대생활백서' 시리즈를 통해 고객들의 스토리를 직접 보여줌으로써 고객과의 공감대를 강화하였다.

소비자 전설은 특히 오피니언 리더나 연예인을 통하여 그 파급력이 보다 강화된다. 고객들이 선망하는 유명 연예인과 영화나 드라마에서 등장하는 다양한 브랜드는 그 자체가 이야기의 주제가 되면서 브랜드 선호도가 상승할 수 있다. 영국 축구선수 데이비드 베컴과 그의 아내 빅토리아의 사진과 함께 그의 아들이 타고 있었던 맥클라렌 유모차는 고가격임에도 불구하고 세계 유명 스타의 자녀가 타고 다닌 유모차라는 스토리가 전파되면서 아우라가 발생하는 계기가 되었다. 사향 고양이의 배설물로 만든 최고급 커피 '코피 루왁 ' 은 모건 프리먼과 잭 니콜슨이 주연한 영화 '버킷 리스트' 에서 탄생 배경과 함께 주요 소재로 다루어지면서 소비자 전설이 되었다.

Case 19

BMW

배낭여행 안내책자에도 필수코스로 지정되어 있는 독일 뮌헨의 BMW 본사는 일개 기업체의 본사와 부속건물에 그치지 않고 전 세계 관광객을 끌어 들이고 있다. 과연 그 힘은 무엇일까? 일단 외형적으로 엔진형상의 높고 단단해 보이는 건물은 BMW의 심장이다. 바로 옆 커다란 볼ball 형태의 박물관과 뮌헨공장, 그리고 회오리 돌풍 모양의 BMW벨트는 3개의 꼭짓점을 이루며 이른바 '4실린더 빌딩' 을 둘러싸고 있다.

'4실린더 빌딩' 은 70년대 당시 최고 건축가인 카를 슈반체르가 만들어냈고 당시 혁신적인 건축양식은 지금의 BMW가 추구하는 방향을 설명해준다. 절도 있고 다이내믹하면서도 감성적인 디자인인데다가 한눈에도 회사의 본사 건물임을 알 수 있게 해주는 4개의 둥근기둥의 엔진 형상은 기업 브랜드 '정체성' 을 강하게 느낄 수 있다. 그것을 둘러싼 BMW 벨트(welt)와 가운데 독특한 그릇모양의 박물관은 'BMW' 브랜드 스토리를 소비자들에 가장 이상적으로 커뮤니케이션 하고 있다. 독일어로 벨트는 세계(world) 를 의미한다. 그렇다고 해서 BMW 벨트가 단순히 '롯데월드' 같은 오락시설에만 그치는 것이 아니라,

꿈을 실현하게 해주고, 감동을 주는 '드림 팩토리' 로서의 역할도 수행하고 있다. BMW 벨트의 지하에서 고객은 자신이 구매하기로 된 차량의 제작과정부터 천천히 감상하면서 인도식을 할 수 있는데 벨트를 따라 움직이면서 조감도와 제작과정들을 볼 수 있고, 자신이 선택한 옵션과 그대로 일치하는 시뮬레이션 공간을 한차례 더 거쳐 마침내 자신의 차가 눈앞에 나타난다. 아마 고객은 젊은 시절의 자신의 작은 꿈을 이루기 위해 돈을 저축하여 드디어 자신만의 차가 탄생되었다는 감격에 눈가가 촉촉해진다. 이렇게 제작 한 과정 한 과정을 고객과 공유하는 경험은 회사 측에서는 고개에게 감동을 주면서도 BMW를 재구매할 고객을 70% 이상 확보한 셈이 된다. 한편 12세 이하 어린이들이 자동차 안전 교육을 무료로 받을 수 있는 공간은 미래의 고객확보를 위한 BMW의 투자라고 볼 수 있다. 벨트에서 육교를 통해 본사 건물 쪽으로 건너오면 BMW의 미래를 말해주는 역사의 공간인 박물관이 보인다. 과거 항공기 엔진 제작사 시절의 엔진을 전시하면서 BMW 엔진의 정교함을 말해주면서 오토바이 엔진과 경차, 세계최초의 수소차량 등 제품 다양성도 고객에게 '이야기' 해 주고 있다. 전 세계에서 몰려든 관광객과 고객들은 건물을 따라 계단을 빙글빙글 올라가는 수고를 마다하지 않는다. 전통과 미래가 혼재해 있는 공간, 뮌헨을 대표하는 브랜드 전시장이다.

Case 20

현대중공업

한국 현대경제사의 주인공이자 산증인으로 한국 경제를 '세계 10위권' 으로 끌어올리는데 견인차 역할을 한 인물로 평가 받고 있는 고 정주영 회장은 스토리 텔러 로서도 대단한 인물이었다. 세계 조선시장에서 우리나라는 현재 세계 1등 상품을 다수 보유하고 있으며 벌크선, 컨테이너 등 범용상선 부문에서는 세계시장의 40%를 차지하며 시장점유율 1위를 기록하고 있다. 한국 조선 산업의 시작과 발전을 고 정주영 회장의 도전정신과 뚝심을 빼놓고는 이야기 할 수 없다. 1970년대 모든 기업들이 중화학 공업에만 나설 때 고 정 회장은 국가 기간산업이 될 수 있는 조선 산업에 대해 눈길을 돌렸다. 모두들 무모한 계획이라 만류하고 나섰지만, 그는 포기하지 않았다. 현대 조선소 설립당시 가장 큰 문제는 돈이었다. 고 정주영 회장은 1971년 9월 영국 바클레이 은행 BARCLAYS CAPITAL 으로부터 차관을 얻기 위해 런던으로 날아가 A & F 애플도어의 회장을 만났다. 조선소 설립경험도 없고, 선주도 나타나지 않은 상황에서 영국은행의 대답은 물론 'No' 였다. 그 때 정주영 회장은 바지 주머니에서 500원짜리 지폐를 꺼내서 펴 보였다. "이 돈을 보시오. 이것이 거북선이오.

우리는 영국보다 300년 전인 1500년대에 이미 철갑선을 만들었소. 단지 쇄국정책으로 산업화가 늦었을 뿐, 그 잠재력은 그대로 갖고 있소." 라는 재치 있는 임기응변으로 롱바톰 회장을 감동시켜 해외 차관에 대한 합의를 얻었다. 그 다음 문제는 선주를 찾는 일이었다. 당시 회장의 손에는 소나무 몇 그루와 초가집 몇 채가 선 미포만의 초라한 백사장 사진 한 장뿐이었다. 그러나 그는 그 사진을 가지고 열심히 배를 팔러 다녔다. 결국 정주영은 그리스 거물 해운업자 리바노스를 만나 26만 톤짜리 배 두 척을 주문 받았고, 조선소 건립과 동시에 2척의 배를 진수시킨 세계 조선사에 유일한 기록을 보유하게 되었다. 고 정주영회장의 개척정신과 적극적인 추진력을 가장 드라마틱하게 보여준 이 스토리는 오늘날 전 세계인의 입에 오르내리는 현대의 기업 브랜드 뿐 아니라 세계 1위 한국 조선 산업의 홍보대사로서도 그 역할을 톡톡히 해내고 있다.

Case 21

할리데이비슨과 본 빌스 Harley Davidson & Von Bills

할리 데이비슨은 1970년대 후반 부도위기에서 구출한 CEO 스토리로도 유명하다. 할리 데이비슨의 부활을 앞장서서 이끈 사람은 그 당시 CEO 본 빌스Von Bills였다. 60년 동안 오토바이 시장의 70%를 석권했던 할리 데이비슨은 70년대 후반 혼다, 야마하 등 일본 모터사이클 업체들의 미국시장 진출로 한때 부도의 위기까지 몰렸었다. 1977년이 되자 과거 70%에 달했던 할리의 시장 점유율은 6%로 떨어지고 결국 AMF사에게 인수되었다. 하지만 AMF사 역시 할리데이비슨을 회생 시키는데 실패하자 1981년 13명의 할리 데이비슨 전직 임원들은 할리 데이비슨 모터 컴퍼니를 AMF로부터 다시 사들이는 계획서에 서명을 한다. 이 때 할리를 인수한 CEO 본 빌스Von Bills는 할리의 유일한 희망은 관세를 통한 미제상품 보호였고 이 목표를 달성하기 위해 치열한 로비를 했다. 그 결과 1983년 미 의회는 일본산 모터사이클에 대해 무거운 관세를 부과하는 법안을 통과 시키게 되었다. 일본산 모터사이클에 대한 고 관세는 할리에게 희망을 주었고 곧바로 그는 할리의 위기극복을 위한 내부적인 전략방안을 수립하기 시작한다. 그동안 할리 데이비슨이 가졌던 자기만족, 과신, 오만을 버리고 겸허히 경쟁사 혼다의 공장을 직접 방문했고, 전문적이고 세세한 제작 방식을 중시하는 일본식 경영기법을 도입하는 새로운 경영전략을 수립했다. 그러면서도 당사의 핵심 사업인 중량급 대형 오토바이에 대한 생산성과 품질향상에 매진하여 고급 고객층을 확보하게 되었고 자신이 직접 모터사이클을 타고 각종 경주에도 참여하면서 고객들을 직접 만나 그들의 관심사나 불만에 귀를 기울이다가 HOG (Harley Owners Group)라는 할리보유자들을 만나게 된다. 이는 할리데이비슨이 재기하는 데 결정적인 요인이 되었다. 1980년 후반이후 할리 모터사이클에 대한 품질은 현저히 향상 되었고 시기적으로도 반전운동, 자유, 문화, 예술들이 구속받지 않고 내 자신을 표출하려는 트렌드가 붐을 이루면서 사회전문직 종사자들이 고가의 모터사이클을 구입하는 계기가 된다. 바로 러비족(Rubbies: the rich urban bikers: 부유한 도시 오토바이족)이라고 불리는 사람들(전문직 종사자)덕분에 1989년 초중량급 모터사이클 시장의 60%정도를 다시 장악하며 업계 최강자 자리를 되찾았다. 그는 위기에 빠진 할리 데이비슨을 구출한 영웅이다.

6.2 >> 오감 만족을 통한 호스피탈리티 창조

점점 더 많은 소비자들이 제품구매 결정시 제품의 편익만을 고려하는 것이 아니라 기업이 제공하는 총체적인 경험을 구매결정의 기준으로 삼고 있다. 21세기 소비자들이 직접 보고, 만지고, 느끼면서 브랜드에 대한 선호도와 구매의사를 결정하게 되면서 고객 경험의 브랜드화가 새로운 차별화의 수단으로 활용 될 수 있게 되었다. 델 DELL ' 컴퓨터의 CIO 제리 그레고(Jerry Gregoire)는 이제는 고객경험(customer experience)이야말로 우리 모두가 경쟁해야 할 승부처라는 말로 '고객 경험' 의 중요성을 강조하였다.

제품의 구매와 사용과 관련하여 고객이 기업과의 모든 접점에서 만나게 되는 접촉 및 상호작용을 '고객 경험' 이라고 하며, 이러한 고객경험은 소비자들의 감성을 자극하는 중요한 마케팅 수단으로 활용되고 있다. 아우라 브랜드는 오감 만족을 통하여 고객들에게 독특한 호스피탈리티 경험을 제공해 주는 브랜드들이다. 향후 오감 만족 마케팅이 기업의 경쟁력에 있어서 중요한 역할을 수행할 것이 확실하다.

감각 마케팅 분야의 유명 컨설턴트 마틴 린드스트롬 Martin Lindstrom 도 '브랜드 센스' (2005) 라는 이 분야 베스트 셀러에서 세계 최고의 브랜드들이 어떻게 오감을 활용한 브랜딩 전략을 실행하고 있는지 우리에게 리얼하게 말해주고 있다. 인간의 시각, 청각, 촉각 등 신체 감각을 통해 브랜드를 경험하도록 하는 감성 마케팅 활동을 오감 브랜딩이라 하며 오감 브랜딩은 경쟁사들이 모방할 수 없는 브랜드 고유의 아우라를 형성하게 된다.

최근 세계 최고의 아우라 브랜드 기업들이 오감 마케팅을 적극 활용하고 있다. 그리고 포춘 선정 100대 브랜드의 35%가 5년 내에 오감 브랜딩을 적극 활용할 계획이라고 한다. 소비자들의 체험을 통해 그들의 오감을 만족시킨 브랜드는 소비자들로 하여금 호의적인 태도를 형성하게 하며 브랜드에 대한 충성도를 제고시킬 수 있다.

오감은 100점 만점으로 그 영향을 분석해보면 시각(58점), 후각(45점), 청각(41점), 미각(31점), 촉각(25점)의 순으로 그 중요성이 평가될 수 있다. 마틴 린드스토롬에 따르면 모든 커뮤니케이션의 83% 는 시각에만 호소하고 있고 불과 나머지 17% 만을 나머지 4가지 감각에 호소하고 있다고 평가하고 있다. 따라서 오감 브랜딩 분야는 향후 아래 5가지 감각을 중심으로 무궁하게 활용 가능한 호스피탈리티 창조를 위한 숨겨진 창고라고 생각된다.

1) 시각

시각은 인간의 오감 가운데 정보 인지능력이 가장 우수하며,

가장 직접적으로 소구하는 강력한 설득력을 가지고 있다. 소비자들은 자신이 제품의 품질, 가격 속성을 고려하여 제품의 구매를 결정한다고 말하지만 디자인이나 칼라, 패키지 등 순간의 시각적 자극에 의해 제품에 마음을 빼앗기고, 충동적으로 구매하고자 하는 욕구가 발생한다는 사실은 인식하지 못하는 경우가 많다. 소비자들의 감성을 자극하고 이들의 잠재욕구를 이끌어 내기 위해서 기업들은 감성적 이미지를 보다 적극적으로 시각화해야 할 필요가 있다.

시장이 성숙기에 접어들고 경쟁이 치열해질수록 기업의 차별화 전략을 위해서 효과적으로 활용할 수 있는 것이 제품의 시각 디자인이며 디자인은 브랜드의 가치를 만드는 근본적 힘을 지니고 있다.

5개의 칼라 사례를 통하여 자사 고유의 브랜드 아우라가 발생되는 경우를 살펴보자. 첫째, 레드는 태양, 불, 정렬, 사랑, 식욕 등을 떠올리게 한다. 코카콜라 Coca-Cola 의 레드는 전설적이다. 산타클로스 하면 떠오르는 빨간색 외투도 코카콜라 작품이다. 두 번째 블루는 바다, 하늘, 성스로움, 행복, 희망을 이야기 해준다. 세계 대부분의 미혼여성이 꿈꾸는 청혼의 로망은 남친이 선물하는 티파니 TIFFANY & CO. 의 블루박스일 것이다. 삼성 SAMSUNG 의 메인 칼라 삼성 블루도 첨단의 미래 희망을 우리에게 각인시켜 주고 있다. 셋째, 보라는 예술, 신비스러움, 고귀함, 희소성등을 암시해주는 색상이다. 안나수이 ANNA SUI 화장품은 보라색의 희소성을 주제로 여성에게 강하게 소구하는 아우라 브랜드로 꼽히고 있다. 네째, 그린은 숲과 풋과일, 평화, 중립, 보존등을 연상시키는 안정감을 주는 색상이다. 스타벅스의 그린은 도심속의 자연공간, 휴식공간, 제3의 장소를 주장하는 스타벅스 매장과 스타벅스 문화를 잘 표현해 주고 있다. 마지막으로 블랙은 밤, 어두움, 세련됨, 모던, 도시등을 암시하는 색상이다. 샤넬 CHANEL은 검정색으로 꾸민 매장인테리어, 검정색 핸드백과 드레스로 유명하고 아디다스의 블랙 칼라 매장도 세련미를 창출하는 아우라 브랜드의 대표사례이다.

2) 후각

'낯선 여자에게서 그의 향기를 느꼈다' 는 광고 카피는 오래전 많은 사람들의 공감을 이끌어내는데 성공하였다. 우리 뇌는 후각을 이용해 친구와 낯선 사람을 구분한다고 한다. 그리고 후각은 다른 어떤 감각보다 더 본능적으로 인간의 감성과 기억 그리고 행동을 자극하며 가장 오랫동안 기억에 남게 된다.

독일의 한 연구결과에 의하면 30대 남녀들 중 모유를 먹고 자란 사람은 순수 케첩을 선호하는 반면, 바닐라향이 나는 분유를 먹고 자란 사람들은 바닐라향이 첨가된 케첩을 선호하는 것으로 나타났다. 이는 어린 시절부터 그리고 무의식적으로 접해온 향은 30세가 넘어서도 여전히 음식 취향에 영향을 미친다는 것이다. 향기는 또한 사람들의 기분을 바꿀 수 있으며 기분 좋은 향기에 노출될 경우 그 향이 행복한 추억을 되살려낸다면 기분은 40%나 더 좋아진다고 한다.

향기는 소비자들로 하여금 브랜드에 대한 호의적인 이미지를 구축하기 위해 다양하게 사용될 수 있다. 캘리포니아 드림이라는 브랜드 아이덴티티에 맞추어 캘리포니아 심볼인 오렌지 향을 개발하여 전 세계 매장에 드림dream이라는 향수를 출시하고 있는 후아유의 경우가 이에 해당한다. 오렌지 향에 한번이라도 노출되었던 소비자들은 길거리에서 비슷한 향을 맡았을 경우 주변에 후아유 매장이 있는지 돌아보게 된다.

싱가포르 항공사 SINGAPORE AIRLINES 는 자신만의 향기를 만들어내기 위해 유명 향수업체의 도움을 받아 '스테판 플로리안 워터스' 라 불리는 매력적인 향기를 직접 기획, 제작하여 소비자들에게 기내의 독특한 향기에 대한 좋은 추억을 가지도록 하고 있다. 스타벅스는 매장을 금연구역으로 정하고 고유한 커피향이 매장 내에 퍼지도록 관리하고 있으며, CGV 영화관 영화 그 이상의 감동 CGV 역시 전국 상영관에 편백나무 향을 이용한 산림공조 시스템을 운영하여 고객들에게 편안함을 느낄 수 있도록 하고 있다.

3) 청각

소리는 사람들의 기분mood, 태도attitudes, 행동behaviour과 긴밀하게 관련되어있다. 귀에 들리는 소리에 따라 사람들은 기분이 좋아지기도 하고, 거부감 또는 편안함을 느낄 수도 있으며, 음악에 맞추어 춤 처지기도 하고 동작이 빨라지기도 한다. 소비자들의 행동과 선호, 기분에 미치는 음악은 구조적(물리적) 요인과 비구조적(감성적) 요인으로 나누어 볼 수 있다.

멜로디, 리듬, 하모니, 볼륨, 모드, 템포 등 고객을 환기시키고, 고객에게 직접적으로 즐거운 기분을 조성하는 요인을 구조적 요인이라 할 수 있다. 한편 비구조적 요인은 선호하는 음악과 연상된 정보를 통해 정서적 변화를 유도할 수 있다. 소비자의 40% 이상이 휴대폰 벨소리가 전화 디자인보다 중요하다고 믿고 있다는 조사결과를 통해 우리는 청각이 소비자들의 브랜드 선택에 결정적인 역할을 수행할 수 있다는 사실을 알 수 있다.

소비자들의 청각을 자극하는 마케팅의 종류에는 배경음악, CM송, 징글, 비즈링(bizring) 등 다양하다. 에스 오일S-oil S-OIL은 광고모델만 교체하고 '오늘은 왜 이리 잘나가는 걸까' 라는 CM송 광고를 통해 소비자들의 머릿속에 브랜드명을 확실하게 각인시켰다. CM송이나 징글의 사용은 광고에서만 사용되는 것이 아니라 각 기업의 홍보와 애사심을 고취 수단으로 사용하는 로고송을 휴대전화에 연결하는 비즈링으로 확대되어 장기적으로 기업 이미지와 호감도를 상승시키는 수단으로 활용되고 있다.

청각 마케팅은 광고뿐 아니라 소매점 마케팅에서도 다양하게 활용되고 있다. 소매 매장의 배경음악의 속도는 서비스, 지출, 고객 동선의 흐름에 영향을 미친다. 일반적으로 음악이 느릴수록 더 많은 소비자들이 몰리며, 평균적으로 지출하는 금액이 높아진다. 그만큼 매장에 머무는 시간이 많아지며 계획하지 않은 구매욕을 자극하게 되기 때문이다.

'기분이 안 좋으면 쇼핑을 더 즐긴다' 는 가설에 의해 슬픈 음악이 구매를 촉진하는 경우도 있다. 라스베거스의 벨라지오 호텔과 카지노에서는 슬롯머신을 이겼을 경우 들을 수 있는 동전의 쏟아지는 소리가 옆 사람이나 한푼도 따지 못한 사람들에게는 기를 꺾는 소리가 될 수 있다고 생각하고 한동안 동전이 없는 슬롯머신으로 교체했으나 오히려 슬롯머신의 수입이 눈에 띄게 감소하였다. 이용자들은 동전의 소리가 나지 않는 슬롯머신에서 흥분과 감성을 느낄 수 없었던 것이다. 일부 연구들은 청각자극을 통해 브랜드에 대한 기억과 인지도를 30% 정도 높일 수 있다고 주장하기도 한다.

4) 미각

후각과 미각은 서로 밀접하게 연결된다. 음식이 후각 테스트를 통과하면 대개 맛도 통과하는 경우가 많다. 브랜드 센스 리서치는 소비자들은 냄새가 싫지 않으면 음식을 좋아하고, 반대로 냄새가 싫으면 맛도 싫어하는 것을 발견하였다. 한 슈퍼마켓 입구에서 진행된 실험에서 고객들은 매장 입구에서 분사된 냄새와 연결된 음식코너로 향했으며 그 제품을 구매하고 있었다. 후각과 미각이 연결된다는 사실을 확인시켜주는 연구결과이다.

최근 베이커리에서는 소비자들의 후각과 미각을 자극하기 위해 출퇴근 시간대나 오후 시간대에 갓구운 빵의 향기를 분사하여 고객의 발걸음을 붙잡고, 입안 가득 단맛이 맴도는 빵의 시식대를 이용하여 구매를 유도한다. 소비자들의 미각을 자극하여 브랜드 이미지를 만들고 구매를 유도하는 미각 마케팅은 식품 매장의 시식행사를 통해 식품업계에서 가장 활발하게 이용되고 있다.

그러나 미각마케팅이 식품업계에서만 활용되는 것은 아니다. 삼성전자 SAMSUNG 는 붉은 포도주가 담긴 와인잔의 모습을 형상화한 명품 LCD TV '보르도'의 감각적 디자인을 알리기 제품 출시에 맞추어 BMW 고객과 와인바 협회 회원을 대상으로 와인 시음회 및 설명회를 개최하였다. 또한 화장품 브랜드 과일나라나 스킨푸드, 음악전문 사이트인 멜론 Melon 이나 도시락, 국내 토종 캐릭터 딸기, 가수 바나나걸이나 고구마 등 소비자의 관심과 주의를 확보하기 위해 미각을 자극하는 브랜드 네이밍도 브랜드의 주요 트렌드로 부각되고 있다.

5) 촉각

최근 디지털 제품 트렌드는 헤도닉hedonic이란 용어로 특징지을 수 있다. 오감 마케팅의 근간은 사람의 쾌락을 자극하는 것이며 촉감은 인간의 오감 중 가장 쾌락과 밀접한 연관성이 있기 때문에 매우 유효한 마케팅 수단이 될 수 있다. 촉감은 신체적 접촉을 통해 느끼는 것으로 사람마다 경험하게 되는 촉감의 차이는 다르게 나타날 수 있기 때문에 소비자들은 자신의 느낌을 다른 사람들에게 전달하고자 하는 성향을 나타내기도 한다.

가장 대표적인 촉감마케팅으로 주로 화장품 업계에서 많이 사용하는 샘플링(sampling)이 있다. 소비자가 제품을 구매하기 전에 샘플, 테스터나 무료 메이크업 서비스 등을 통해 자신의 피부에 맞는지 경험해 볼 수 있다. 촉감 마케팅은 소득수준이 향상됨에 따라 함께 발전되어왔다. 고급 제품을 선호하는 소비자들이 증가하면서 보다 감성적이고 자연친화적인 제품을 선호하는 웰빙 트렌드도 자리를 잡기 시작하면서 촉감 마케팅은 더욱 다양한 곳에서 활용되고 있다.

코카콜라 는 잡는 부위의 촉감과 손의 구조까지 고려한 인체공학적인 디자인으로 어고그립(Ergo Grip)페트병을 출시하여 성공적인 소비자 반응을 이끌어 냈다. LG전자 의 샤인폰은 '스테인리스 스틸' 소재를 사용한 금속 특유의 질감을 통해 소비자들에게 새로운 '손맛' 을 제공하여 두꺼운 마니아층을 형성하였다. 그립감과 밀착감을 최대한 고려한 다양한 휴대폰, 디지털 카메라, MP3, 휴대용 모바일 PC 등 촉감을 고려한 제품들도 인기를 끌고 있다.

최근에는 시각과 촉감을 자극하여 브랜드에 대한 단서를 제공하기 위해 소비자들에게 제품을 보고 만지고 체험할 수 있는 기회를 주어 그들이 오피니언리더opinion leader로 활동하도록 자극하며, 기업에게는 소비자들 반응을 미리 살펴보고 구전 마케팅을 활용할 수 있는 기회를 제공해주는 샘플랩(www.mysamplelab.com)이 국내에 오픈하여 소비자들의 관심을 끌고 있다.

Case 22

티파니
Tiffany

TIFFANY & CO.

전 세계를 막론하고 여자라면 누구나 꿈꾸는 쥬얼리 브랜드는 단연 티파니 이다. 많은 영화에서 사랑고백을 하는 남자 주인공의 손엔 항상 티파니가 있었다. 독특한 디자인과 고급스러운 보석을 대표하는 티파니가 다른 브랜드보다 더 아우라를 발생시키는 이유가 있다면 바로 '티파니 블루' 라고도 불리는 에그 블루 색상의 박스와 하얀 리본의 패키지 때문일 것이다. 하얀 리본을 묶은 에그 블루색의 박스는 1987년 이래 고급스럽고 우아함, 독점성, 신뢰성과 동의어가 된 뉴욕 보석상 티파니에서 사왔다는 것을 수신자가 알기 때문에 보석은 더욱 아우라를 발휘하게 된다. 패키지 자체는 화려한 장식이 들어가지도 않고 그저 단순한 박스이지만, 아무리 많은 돈을 주어도 회사의 엄격한 규정으로 인해 매장에서 티파니 제품을 구입할 경우에만 그 제품을 패키지에 담아 가져갈 수 있다. 이 같은 규정으로 인해 에그 블루 색상의 박스하면 티파니를 상징하게 되었다. 진품 티파니 상자와 파우치는 경매 사이트에서 40달러까지 값이 오를 정도로 시장성이 있는 아이템이며 큰 상자는 더 큰 아이템을 보관할 수 있기 때문에 상자가 크면 클수록 가격은 더 올라간다. 고객의 시각을 자극하는 티파니의 에그 블루 색상은 카탈로그, 광고, 쇼핑백에도 쓰이면서 그 색 자체로서 티파니를 상징하게 되었다. 뉴욕 티파니 본점에서 진열된 보석중 하나를 선택하고 자신과 결혼하자고 하는 프러포즈 장면이 나온 영화 '스위트 알라바마' 와 이젠 너무나도 유명해진 '티파니에서의 아침을' 이란 영화에서 보여주는 것처럼 브랜드 '티파니' 는 여성들에게 최고의 로망을 선물하는 아우라 브랜드이다.

Case 23

롤스로이스 Rolls-Royce

Rolls-Royce

"황제의 차" 라고 불리는 롤스로이스에는 롤스로이스 냄새가 있다. 그 냄새는 롤스로이스가 세계 최고급 브랜드의 위치를 유지하기 위해 없어서는 안 될 구성요소가 되었다. 자체 내부가 천연재료로 만들어진 1965년형 실버 클라우드 롤스로이스에의 독특한 냄새 재생을 위하여 수천만 달러가 들어갔다. 현대의 안전 규정과 제조 기술에 따라 천연물질은 더 이상 사용되지 않고 발포류나 플라스틱으로 대체되어야 하기 때문이었다. 실버 클라우드 롤스로이스에서는 인테리어 재료로 쓰여진 나무, 가죽, 삼베, 울과 같은 냄새가 나는데 롤스로이스사는 그 냄새를 세밀히 분석하여 각각의 향을 알아냈다. 그리고 발견한 800개의 요소들을 자동차 좌석 안쪽에 삽입하여 고객들로 하여금 그 냄새를 인식하도록 만들었다. 그 결과 롤스로이스를 한번이라도 타본 사람은 롤스로이스만의 자연의 냄새를 인식하게 되었고 결국 롤스로이스가 다른 차들과는 확실히 다른 특별한 맛을 그리고 편암함을 제공하는 오감 만족 자동차라는 느낌을 가지게 해준다.

Case 24

뱅앤 올룹슨 Bang-Olufsen

BANG & OLUFSEN

전화기 벨소리만 들어도 브랜드를 구별할 수 있다? 덴마크의 고급 하이파이 제조업체인 뱅앤올룹슨은 보다 차원 높은 전화 벨소리를 만들기 위해 작곡가 겸 음악가인 케니스 크누센에게 의뢰했다. 그 결과 자갈길 위로 알루미늄 통이 떨어지는 듯한 멋진 소리가 창조되었다.

오디오 매니지먼트 CEO인 비르기테 로데는 "뱅앤올룹슨 소리는 인간답고 집에 있는 것 같은 편안함을 주고 즉각 인식이 된다" 고 평가했다.

이처럼 뱅앤올룹슨의 전화벨소리는 청각이라는 감각을 극대화하여 브랜드 이미지를 구축하고 있다. 뱅앤올룹슨이 이룩한 혁신중 하나는 1985년 TV, 라디오, CD, 테이프 레코드를 비롯해 각 방의 전등까지 조절 할 수 있는 올인원 리모콘의 발명이다. 다른 회사들 역시 비슷한 리모콘을 출시했지만 뱅앤올룹슨은 다른 회사들과 달리 촉감을 최대한 활용했다.

뱅앤올룹슨의 리모콘은 묵직하고 튼튼하며 매우 독특하며 특유의 무게감은 제품에 대한 믿음을 준다. 독특한 디자인과 감각에 대한 진지함은 뱅앤올룹슨의 모든 제품들에 반영되었고 뱅앤올룹슨을 프리미엄 브랜드와 동종 업계 최고의 아우라 브랜드로 만드는데 중요한 역할을 하였다.

Case 25

싱가폴 항공
Singapore Airlines

2008년 싱가포르 항공은 세계적인 여행 전문지 '비지니스 트래블러 아시아 퍼시픽' 이 실시한 독자 여론조사에서 17년 연속 '세계 최고 항공사' 로 선정됨으로써 세계 최우수 국제 항공사로의 위상을 다시 한 번 확인했다. 이 같은 성과는 오감을 만족시키는 오감 브랜딩을 활용하여 최상의 호스피탈리티 체험을 만들어낸 결과이기도 하다. 상가포르 항공은 단순히 기내 디자인, 음식, 편안함, 가격 등을 어필하는 기능적 혜택 뿐 아니라 '싱가포르 걸' Singapore Girl이라는 하나의 상징을 적극 활용하고 있다.

싱가포르 문화를 나타내는 전통 의상을 입고 승객 개개인에 대한 보살핌의 상징이 된 싱가포르 걸(girl) 이라고 불리는 기내 승무원은 오감중의 하나인 시각적으로도 고객의 호감을 사는 데 성공했다. 나이 26세 원 사이즈 유니폼에 완벽히 맞는 몸매를 가진 싱가포르 걸은 화장하는 법, 승객에게 말하는 방법, 기내에서 움직이는 방법, 음식을 제공하는 방법 등이 상세하게 지시된 매뉴얼대로 행동하고 싱가포르 항공의 브랜드 아이콘

처럼 행동하고 보이길 원한다. 고객의 청각적 브랜드 체험을 위해서 기장의 기내방송조차 광고대행사가 세심하게 작성한 원고를 사용하여 명확하고 독특하게 상가포르 항공만의 특징을 나타내어서 청각적인 부분에서의 만족도 최대한 실현하고 있다. 후각적으로는 싱가포르 항공이 특별히 기획한 향인 '스테판 플로리안 워터스' 를 개발하여, 기내의 승무원은 물론 기내에서 제공되는 더운 수건에도 사용하여 싱가포르 항공기의 기내전체에 퍼져나가게 했다. 그 결과 승객들은 싱가포르 항공만의 독특한 향과 멋을 느낄 수 있다.

Chapter Summary 6장 요약

▶ I-D-E-A 브랜드 스토리

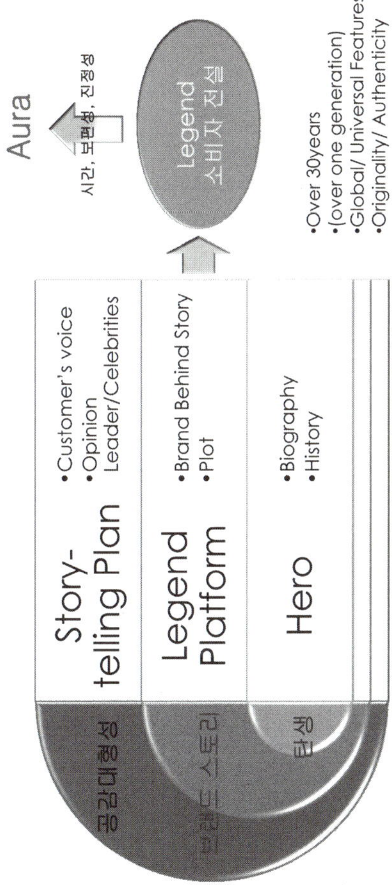

▶ I-D-E-A 오감 만족을 통한 호스피탈리티 창조

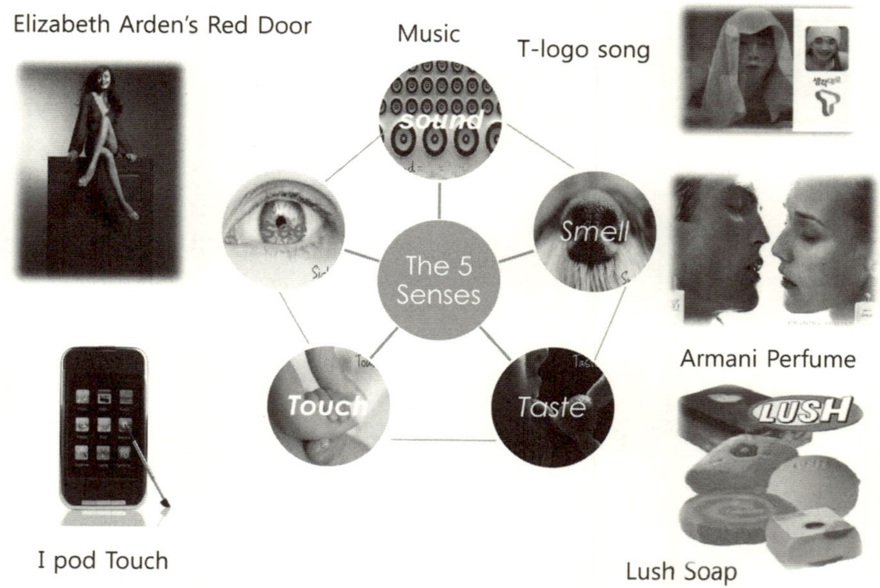

Appendix
브랜드 아우라 모형

브랜드 아우라 모형

1. 브랜드 아우라 모형
2. 개발 배경과 목적
3. 진행 절차
4. 모형 구조
5. 기대 효과

* 이 모형은 MacroGate 이동한 부사장과 서용구 교수가 공동 개발한 것임

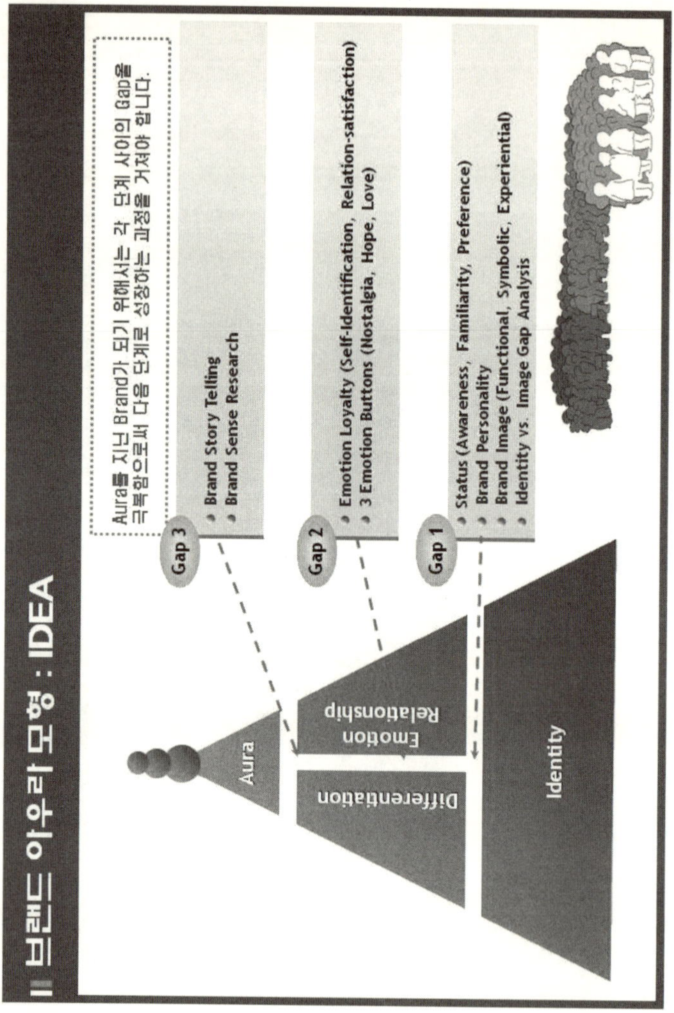
브랜드 아우라 모형 : IDEA
Aura를 지닌 Brand가 되기 위해서는 각 단계 사이의 Gap을 극복함으로써 다음 단계로 성장하는 과정을 거쳐야 합니다.
Gap 3
Brand Story Telling
Brand Sense Research
Gap 2
Emotion Loyalty (Self-Identification, Relation-satisfaction)
3 Emotion Buttons (Nostalgia, Hope, Love)
Gap 1
Status (Awareness, Familiarity, Preference)
Brand Personality
Brand Image (Functional, Symbolic, Experiential)
Identity vs. Image Gap Analysis
Aura
Emotion Relationship
Differentiation
Identity

브랜드 아우라 모형

1 개발 배경

- 브랜드 관리자(**Brand Manager**)는 우리 브랜드가 현재 어떤 단계에 위치하고 있는지 파악하는 것이 중요합니다.
- 현재 위치하고 있는 단계와 객관적인 상황에 근거하여 향후 목표를 설정하고, 그 목표를 효과적으로 달성하기 위한 최적의 전략을 수립해야 합니다.
- 브랜드 강/약점 과 현황 분석을 통해 상위단계로 진입하는데 따른 장애(**Barrier**)점을 보다 쉽고 파악하여 해결방안을 체계적으로 도출하기 위한 방법이 필요하다고 판단하였습니다.

2 개발 목적

- 현재 브랜드가 어느 단계에 위치하고 있는지 판단할 수 있는 객관적인 자료의 제공
- 자신의 브랜드가 차상위 단계로 진입하기 위한 향후 과제를 설정하는데 근거를 제시
- 상위단계에 위치한 경쟁 브랜드와의 **Gap**이 발생한 원인과 극복 대안을 모색할 수 있는 전략 방안 수립

브랜드 아우라 모형

3 진행 절차

Stage	대상 및 방법	내용	결과
1	• Desk Research	• 브랜드 관련 History 및 현황 파악 • 시장의 경쟁구도 파악	• 브랜드 컨셉 및 지향점에 대한 재정의 • 브랜드 평가를 위한 구체적인 평가 요인 도출 • 브랜드 Identity평가 지수
2	• 임직원 In-depth Interview	• 브랜드의 개념 및 의의에 대한 정의 및 이해 • 목표고객에 대한 정의 등	
	• 전문가 In-depth Interview	• 산업특성을 고려한 브랜드 비전에 대한 평가 및 전망	
	• 소비자 Focus Group Interview (자사고객 및 경쟁사 고객)	• 브랜드의 개념과 의미에 대한 이해 • 브랜드 연상 및 가치평가 속성 등	
3	• 잠재고객 대상 개별 면접조사 또는 인터넷 조사 (고객 특성에 따라 결정)	• 브랜드 차별화 요인 평가 - Brand Status - Brand Personality - Brand Image • 감성적 관계요인 평가	• Brand Aura Index • Differentiation Index • Emotion Index • 그 외 Sub Index
4	• 결과의 종합 분석	• 브랜드의 현 단계 확인 • 브랜드의 SWOT요인 추출 • 브랜드 향후 전략 방향 도출	• Brand Strategy Canvas • Aura Building Map • 전략 실행 방안

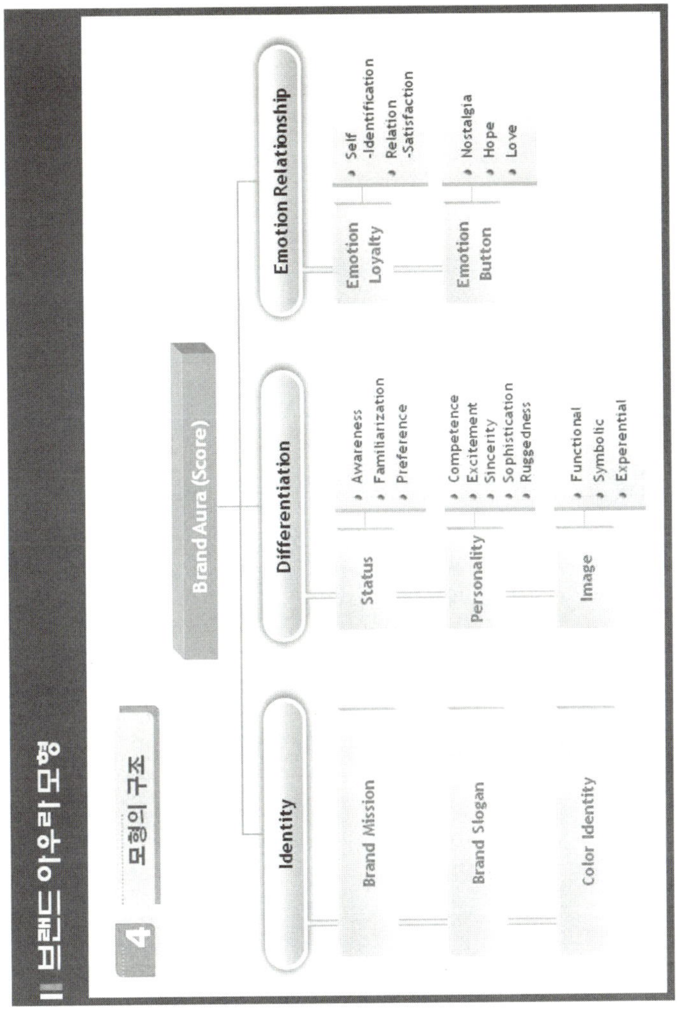

브랜드 아우라 모형
4 모형의 구조
Brand Aura (Score)
Identity
Differentiation
Emotion Relationship
Brand Mission
Brand Slogan
Color Identity
Status
Awareness
Familiarization
Preference
Personality
Competence
Excitement
Sincerity
Sophistication
Ruggedness
Image
Functional
Symbolic
Experential
Emotion Loyalty
Self -Identification
Relation -Satisfaction
Emotion Button
Nostalgia
Hope
Love

브랜드 아우라 모형

5 Expected Output

Brand Image Analysis

브랜드가 확보하고 있는 이미지적 특성을 파악하여 각 브랜드 간 차별적 우위 요소와 열세 요소를 파악해 볼 수 있음

Brand Image의 구성 요소

- **Functional Image Index**
  - 소재 및 성분의 우수성
  - 사용 편리성
  - 외관 디자인의 우수성 등
- **Symbolic Image Index**
  - 유명성
  - 소유 및 사용의 자긍심 등
- **Experiential Index**
  - 소유 및 사용에 대한 기대감
  - 소유 및 사용에 대한 안정감
  - 소유 및 사용에 대한 만족감 등

브랜드간 지표의비교

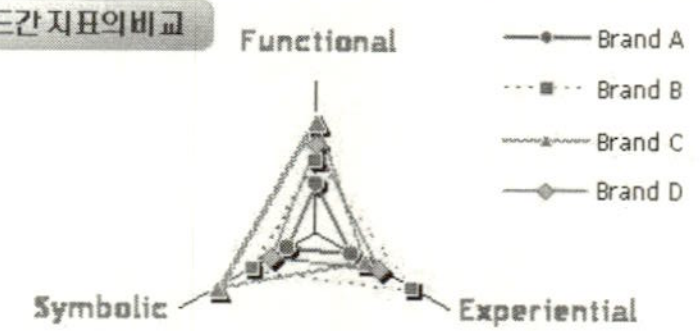

시계열적인 변화 파악

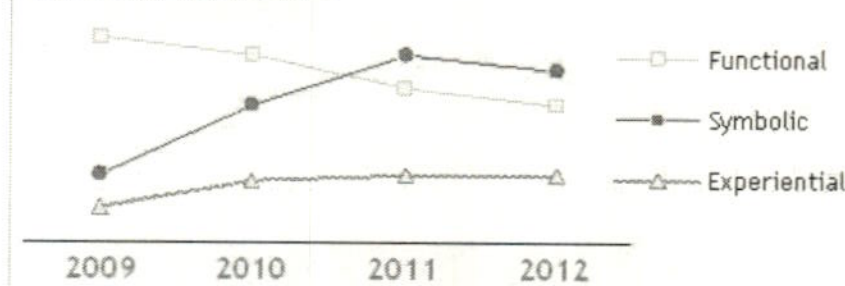

브랜드 아우라 모형

5 Expected Output

Brand Image Analysis

- Image Positioning Mapping을 통해 각 브랜드의 소비자 인식상 위치를 확인할 수 있음

Functional Image Map

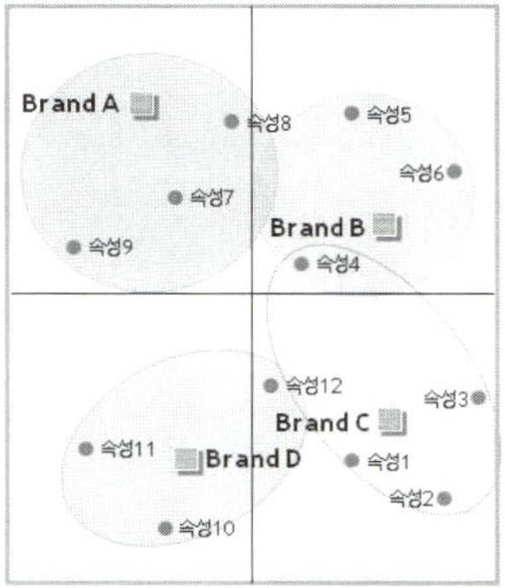

Symbolic Image Map

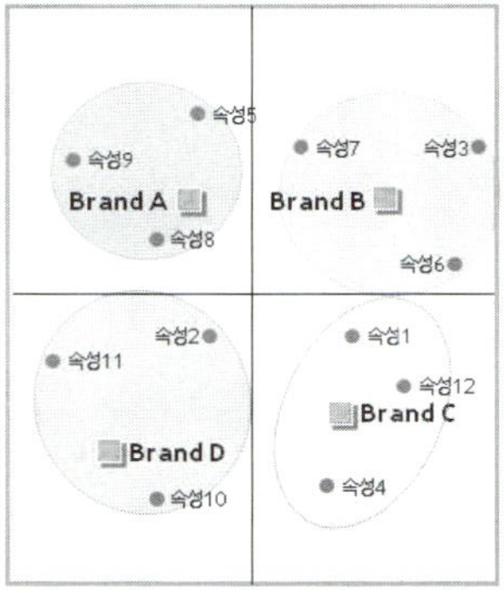

Experiential Image Map

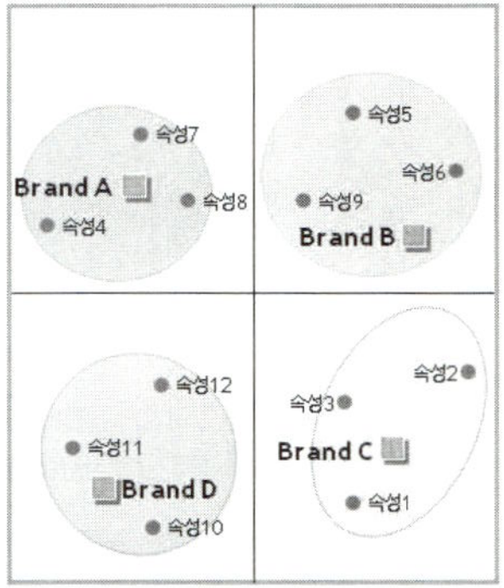

브랜드 아우라 모형

5 Expected Output

Brand Personality Analysis

브랜드의 개성을 파악하여 경쟁브랜드와의 차별성을 파악해 볼 수 있음

Brand Personality의 구성 요소

- **Competence (능력/신뢰성)**
  - ...
- **Excitement (흥미성)**
  - ...
- **Sincerity (성실성)**
  - ...
- **Sophistication (세련감)**
  - ...
- **Ruggedness (강인성)**
  - ...

(Jenifer Aaker, Building Strong Brand, 1999)

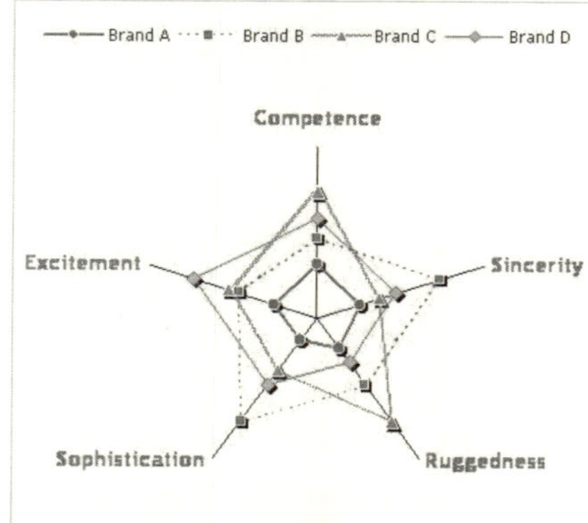

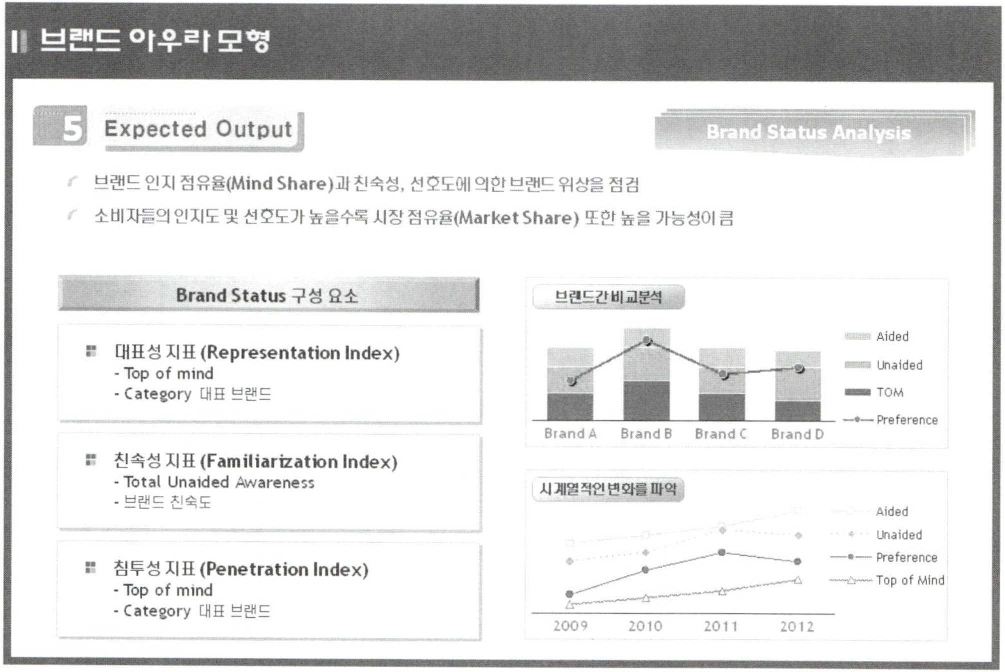
브랜드 아우라 모형
5 Expected Output
Brand Status Analysis
브랜드 인지 점유율(Mind Share)과 친숙성, 선호도에 의한 브랜드 위상을 점검
소비자들의 인지도 및 선호도가 높을수록 시장 점유율(Market Share) 또한 높을 가능성이 큼
Brand Status 구성 요소
대표성 지표 (Representation Index)
- Top of mind
- Category 대표 브랜드
친속성 지표 (Familiarization Index)
- Total Unaided Awareness
- 브랜드 친숙도
침투성 지표 (Penetration Index)
- Top of mind
- Category 대표 브랜드
브랜드간 비교분석
Brand A
Brand B
Brand C
Brand D
Aided
Unaided
TOM
Preference
시계열적인 변화를 파악
2009
2010
2011
2012
Aided
Unaided
Preference
Top of Mind

브랜드 아우라 모델

5 Expected Output

Brand Emotion Loyalty Analysis

- 브랜드 관계 만족도 및 자아 동일시, 감성적 평가 속성을 이용하여 브랜드 감성 충성도 지수를 산출함
- 브랜드가 확보한 감성버튼이 무엇인지 확인하여, 이를 자극하는 전략을 전개함으로써 브랜드 관계를 개선할 수 있음

Emotion Loyalty Index

브랜드간 지표 비교

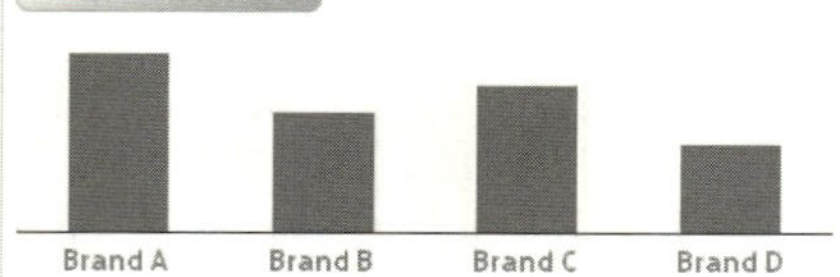

시계열적인 변화를 파악

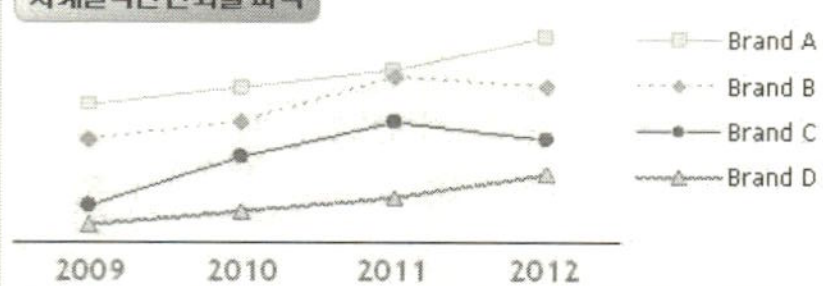

Emotion Button 강도의 비교

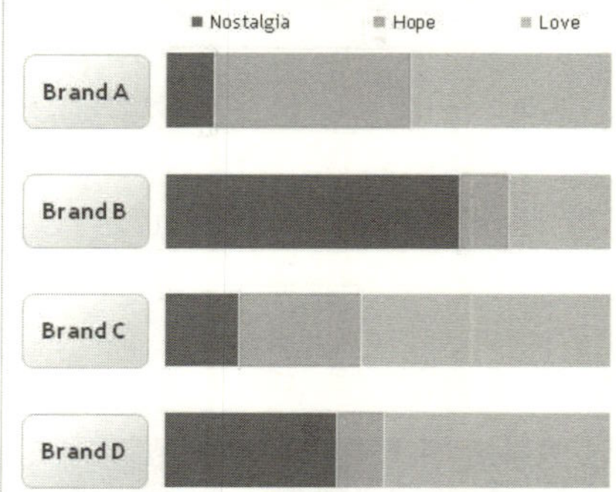

브랜드 아우라 모형

5 Expected Output

Brand Emotion Loyalty Analysis

- 브랜드의 차별화 요인과 감성적 요인이 구매의사에 미치는 영향력을 입체적으로 분석하여 영향력이 큰 요인 및 구성 항목을 파악함으로써 향후 브랜드 전략 방향을 설정하는데 유용한 자료를 획득할 수 있음

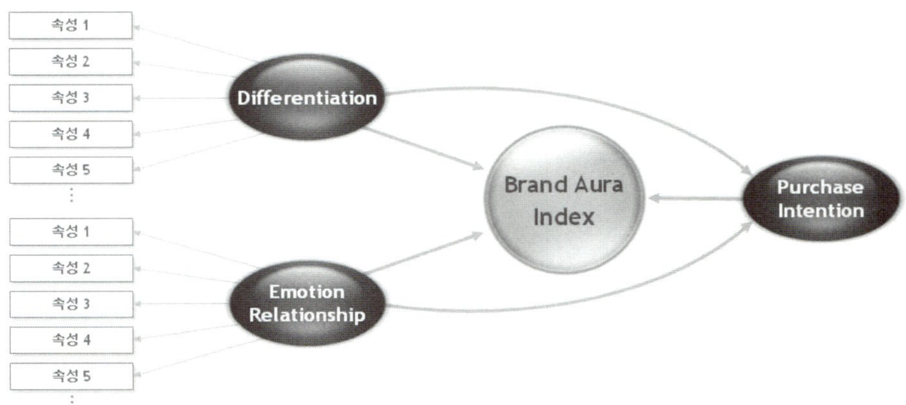

브랜드 아우라 모형

5 Expected Output

Brand Strategy Canvas

- 가치곡선을 이용하여 경쟁의 핵심이 되는 **KSF(Key Success Factor)**를 도출할 수 있음

✓ **Eliminate (제거) : 당연시하는 요소 중 제거해야 하는 것은?**
✓ **Reduce (감축) : 표준 이하로 낮추어야 할 요소는?**
✓ **Raise (향상) : 표준이상 높여야 할 요소는?**
✓ **Create (창조) : 새롭게 창출해야 할 요소는?**

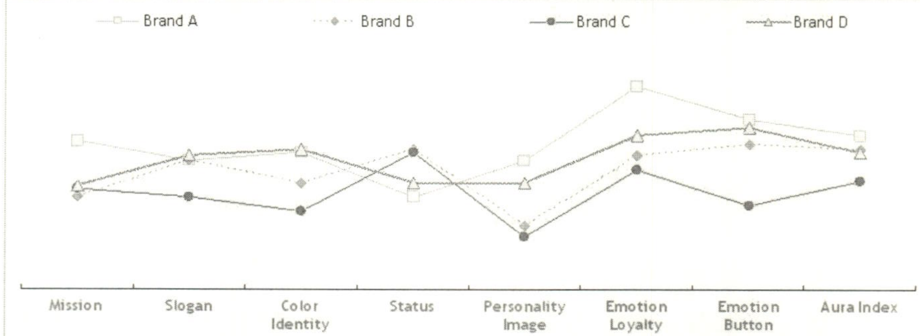

‖ 브랜드 아우라 모형

5 Expected Output

Brand AURA Map Analysis

- Brand Aura Index의 주요 구성 축인 감성관계지수와 차별성 지수를 기본 축으로 설정하여 측정 브랜드를 해당 사분면에 유희화하여 현 상황에 대한 진단 및 향후 전략과제를 파악할 수 있음

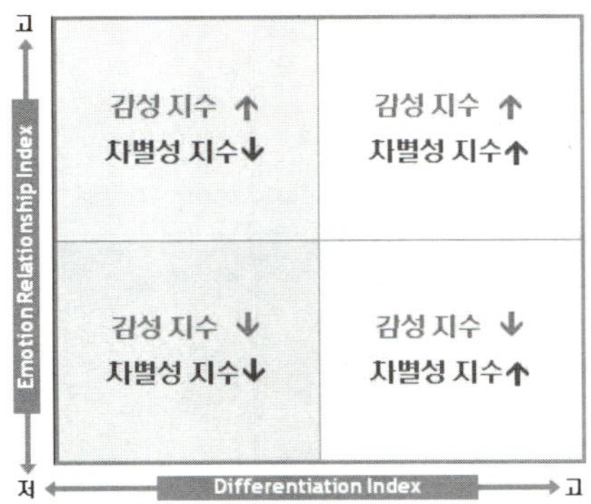

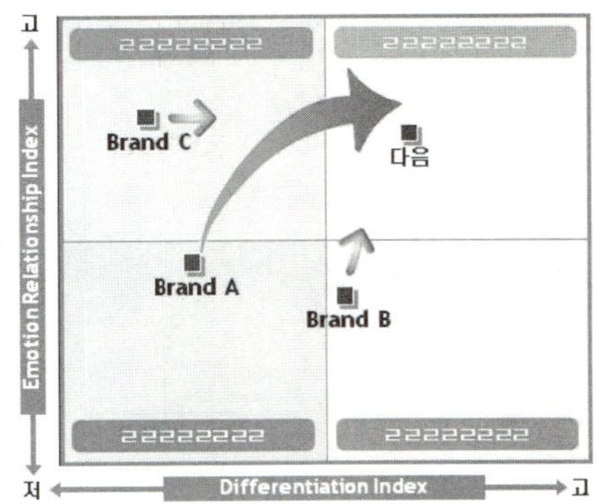

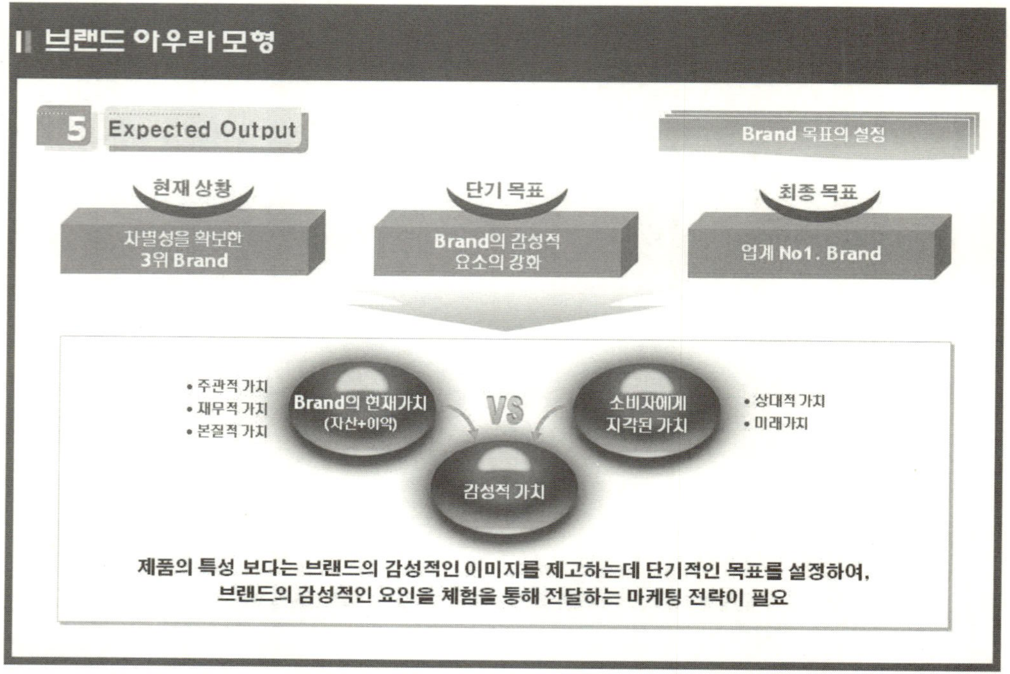
브랜드 아우라 모형
5 Expected Output
Brand 목표의 설정
현재 상황
차별성을 확보한 3위 Brand
단기 목표
Brand의 감성적 요소의 강화
최종 목표
업계 No1. Brand
• 주관적 가치
• 재무적 가치
• 본질적 가치
Brand의 현재가치 (자산+이익)
VS
소비자에게 지각된 가치
• 상대적 가치
• 미래가치
감성적 가치
제품의 특성 보다는 브랜드의 감성적인 이미지를 제고하는데 단기적인 목표를 설정하여,
브랜드의 감성적인 요인을 체험을 통해 전달하는 마케팅 전략이 필요

참고문헌

〈국외문헌〉

Alina Wheeler(2003)『Designing Brand Identity; A Complete Guide to Creating, Building, and Maintaining Strong Brands』. *John wiley & Sons, Inc.*

Bernd Schmitt and Alex Simonson(1997), 『MARKETING AESTHETICS; The Strategic Management of Brands, Identity, and Image』. *THE FREE PRESS*

David A. Aaker(1992), 『The value of Brand Equity』, Journal of Business Strategy, Vol. 13(4), pp. 27-32.

David A. Aaker and Alexander L. Biel(1993), 『Brand Equity and Advertising: Advertising' s Role in Building Strong Brands』, Lawrence Erlbaum Associates.

David A. Aaker(1996), 『Building Strong Brands』, Free Press.

Derek Lee Armstrong and Kam Wai Yu(1997),『The Persona Principle: How to Succeed in Business With Image-Marketing』, Replica Books.

Dwan Iacobucci(2000),『Kellogg on Marketing: The Kellogg Marketing Faculty』, Northwestern University, John Wiley & Sons Inc

Lynn B. Upshaw(1995)『Building Brand Identity; A Strategy for Success in a Hostile Marketplace』. *John wiley & Sons, Inc.*

Marcel Danesi (2006), 『BRANDS』, Taylor&Francis Inc.

Marty Neumeier(2008), 『THE BRAND GAP』. AIGA, New Riders.

Kalpesh Kaushik Desai and Kevin Lane Keller(2002), 『The Effects of Ingredient Branding Strategies On Host Brand Extendibility』, Journal of Marketing, Vol. 66(1), pp. 73-93.

Kevin Lane Keller(2003),『Strategic Brand Management: Building, Measuring, and Managing Brand Equity』, Prentice-Hall.

Kevin Lane Keller(2003), 『Brand Synthesis: The Multidimensionality of Brand Knowledge』, Journal of Consumer Research, Vol. 29(4), pp. 595-600.

Kevin Robert(2006),『The Lovemarks Effect: Winning in the Consumer Revolution』, Perseus Distribution Services.

Paco Underhill(2004), 『CALL OF THE MALL』. *YOBOW, INC.*

Steve Hoeffler and Kevin Lane Keller(2002), 『Building Brand Equity Through Corporate Societal Marketing』, Journal of Publid Policy & Marketing, Vol. 21(1), pp. 78-89.

데릭리 암스트롱과 캄 와이 유 저, 홍성태, 한상린 역(2004), 『페르소나 마케팅』, *더난출판사.*

롤프 옌센 저, 서정환 역(2007), 『드림 소사이어티』 *리드리드출판*

클라우스 포그, 크리스티안 부츠와 바리스 야카보루 저, 황신웅 역(2008), 『스토리 텔링의 기술; 어떻게 만들고 적용할 것인가』, *멘토르출판사*

베리 페이그 저, 안진환 역(2007), 『핫버튼 마케팅』 *해냄출판사.*

데이비드 아커(2006), 『브랜드 자산의 전략적 경영』, 비즈니스 북스

데이비드 아커(2004), 『브랜드 포트폴리오 전략』, 비즈니스 북스

케빈 레인 컬러(2007), 『브랜드 매니지먼트』, 비즈니스 북스

〈국내문헌〉

강석정(2001), 『브랜드 자산가치의 형성에 미치는 영향요인에 관한 연구』, 마케팅과학연구, Vol 8, pp. 1-35.

고경순(2004), 『경험마케팅』, 도서출판 대명

김봉관, 김태우(2003), 『브랜드 자산 형성과정에 관한 연구』, 마케팅과학연구, Vol. 11, pp. 1-22.

김은영, 조성표(2007), 『브랜드 자산과 연구개발 자산의 기업가치 관련성』, 한국경영학회 통합학술대회 자료집, pp. 1-30.

김훈철, 장영렬, 이상훈(2006), 『브랜드 스토리 마케팅』, 멘토르출판사

김훈철, 장영렬, 이상훈(2008), 『브랜드 스토리텔링의 기술; 강력한 브랜드는 스토리가 만든다』, 멘토르출판사

노안영, 강영신(2008), 『인간 이해 및 성장을 위한 성격 심리학』, 학지사

이연수(2006), 『복고 마케팅 활용 포인트』, LG주간경제 876호.

황병일(1999), 『향수광고의 감정특성에 관한 연구』, 광고연구, Vol. 45, pp. 51-71.

리대룡, 백명진(1994), 『TV 커머셜의 향수소구 사용에 대한 연구』, 광고연구, Vol 24, pp. 61-95.

손혜원(2006), 『브랜드와 디자인의 힘』, 해냄출판사.

서용구, 이동한, 김지완(2008), 『패밀리 레스토랑 브랜드의 성적 개성이 고객의 브랜드 자아동일시와 관계만족 및 브랜드 충성도에 미치는 영향』, 관광학연구

우석봉(2007), 『브랜드 심리학』, 학지사.

지상현(2007), 『디자인의 법칙』, 지호출판사

조기현(2007), 『디자인 전략』, 미래사

조은하, 이대범(2006), 『스토리 텔링』, 도서출판 북스힐

최순화, 이민훈(2006), 『소비자의 브랜드 사랑-7가지 사랑유형』, 삼성경제연구소.

INDEX

주제어 찾아보기

ㄱ

가족 · 152
가족 같은 사랑 · 171
감동적인 문장 · 93
감성 · 45, 163
감성 브랜드 · 139, 193
감성버튼 · 141
감성지능 · 163
감성화 · 73, 175, 183
개인주의적 문화 · 155
경로사고 · 161
경험 경제 · 26
고객 경험 · 201
고객 충성 · 120
고관여 상품 · 121
고향 · 152
관계 브랜드 · 139, 141
관계만족도 · 142
관심 · 164
광고 캠페인 · 39
구매 추천 · 116
구매 추천 정도 · 116
국가 아이덴티티 · 83
국제성 · 60
규율 · 94
그룹 이미지 · 86
글로벌성 · 184
긍정 심리학 · 161
기간 · 183
기본규칙 · 94
기분 · 206
기성세대 · 155
기억 용이성 · 32
기업 브랜드 · 34, 85
기업 브랜드 아이덴티티 · 83
기업의 사회적 책임 · 165

기운 · 183
꿈 · 163

ㄴ

낙관성 · 161
낭만적 사랑 · 171
네이밍 · 31
네임 · 29
네트워크 브랜드 · 115
노스탈지아 · 153
능력 · 99

ㄷ

다국적 기업 · 25
다정 · 156
단골고객 · 145
대리인 사고 · 161
데이비드 아커 · 53
도시 · 27
도전 · 94
독점성 · 98
동의성 · 98
드림 소사이어티 · 163
디자인 · 210
디지로그 · 155

ㄹ

러브마크 · 139
로고 · 29, 34
로고스 · 173
로모스러움 · 187
리뉴얼 · 37
리더십 · 60
리비도 · 173

ㅁ

마케팅 접근법 · 54
매니아 · 73
매니아 소비문화 · 184
매장 · 27
명성 · 29
모험 · 164, 192
무드 동화효과 · 146
무의식적인 결합 · 175
문장화 · 93
문화 · 98
미각 · 202
미네랄 워터 · 191
미션 · 93

ㅂ

반복 구매 의도 · 115

반복구매 · 29
배경음악 · 206
번들 · 189
법적 보호 · 60
법적 보호가능성 · 33
보조 인지도 · 65
보증서 · 28
보편성 · 184
복고 마케팅 · 153
복제된 작품 · 183
복종적 사랑 · 171
불확실성 비용 · 116
불황 · 152
브랜드 · 25
브랜드 가치 · 52
브랜드 가치 관리 · 52
브랜드 가치 보고서 · 58
브랜드 가치 헌장 · 58
브랜드 감사 · 56
브랜드 강도 · 63
브랜드 개성 · 96, 142
브랜드 경험 · 131
브랜드 내부조사 · 57
브랜드 네임 · 35
브랜드 보조인지 · 69
브랜드 부채 · 52
브랜드 비보조 인지 · 69
브랜드 선호도 · 113
브랜드 센스 · 201
브랜드 스위칭 · 145
브랜드 스토리 · 188, 193
브랜드 슬로건 · 87
브랜드 아우라 · 72
브랜드 안정성 · 60
브랜드 연상 · 97
브랜드 연상 이미지 · 67
브랜드 외부조사 · 57
브랜드 요소 · 29
브랜드 이미지 · 38
브랜드 자산 · 52, 67
브랜드 재인 · 111
브랜드 정체성 · 73, 87, 88
브랜드 지위 · 63
브랜드 총 관리자 · 58
브랜드 충성도 · 67, 114, 145
브랜드 친숙도 · 113
브랜드 컨설팅사 · 27
브랜드 컨셉 · 174
브랜드 트래킹 · 57
브랜드 파워 · 60, 85
브랜드 포지셔닝 · 57
브랜드 회상 · 111
비보조 인지도 · 65
비전서 · 94
비즈링 · 206

ㅅ

사랑 · 139, 140, 152, 173
사명서 · 94
사이몬 · 53
사회관계 · 155
삼각이론 · 171
상향평준화 · 126
샘플링 · 209
서브 브랜드 · 34
선행 지표 · 51
선호도 · 110
설리번 · 53
성공 스토리 · 193
성적 소구 · 174
세련됨 · 99
섹스어필 · 175
섹시함 · 174
소꿉친구 사랑 · 171
소비자 반응 · 70
소설 · 193
속성 · 69
수구초심 · 152
스토리 · 163, 189
스토리텔링 · 191
스티븐 잡스 · 172
스포츠 심리학 · 162
슬로건 · 29, 36, 38, 39, 93
슬림 · 37
시각 · 202
시장 생존 · 120
시장성 · 60
신뢰 · 190
신세대 · 155
신화 · 193
실리적 사랑 · 171
심벌 · 29, 34

ㅇ

아니무스 · 173
아바타 · 29, 36
아우라 · 73, 183
아우라 모델 · 74
아우라 브랜드 · 28
애니메이션 캐릭터 · 39
양심성 · 98
어고그립 · 210
어머니 · 152
에로스 · 173
역사 · 193
연속성 관련 비용 · 116
열망 · 152
열정 · 94, 170
영성 · 183
영성체 · 185

오감 · 202
오감 마케팅 · 209
오감 만족 마케팅 · 201
완성된 사랑 · 171
외향성 · 98
우리 · 156
원본 · 183
원산지 · 30
원천 효과 · 89
웰빙 · 37
웰빙 트렌드 · 209
유통업체 브랜드 · 26, 88
유혹 · 140
음향효과 · 29
의미 전달력 · 33
이니마 · 173
이미지 · 69
이미지 차별화 · 109
이미지 형성 피라미드 · 110
이성 · 173
인수합병 · 25
인정 · 156
인지도 · 63, 69, 110
인체공학 · 210

ㅈ

자기 자각 · 81
자아동일성 · 81
자아동일시 · 73, 142
자유 · 192
잔상효과 · 100
잠재 고객들 · 31
장수브랜드 · 187
장인 정신 · 184
재무적 접근법 · 54
저관여 상품 · 121
적용 가능성 · 33
적합성 · 63
전용 서체 · 43
전환 가능성 · 33
전환비용 · 116
정 · 155
정체성 · 81
제 3의 장소 · 130
제조업체 브랜드 · 88
제품 보증 · 89
제품 브랜드 · 85
존경 · 140
존경도 · 63
주식가치 · 53
주체성 · 81
지각된 품질 · 67
지방자치단체 · 27
지역 브랜드 · 185

지원 · 60
진실성 · 99
진정성 · 139, 189
징 · 29
징글 · 41, 206

ㅊ

차별성 · 63
차별화 · 183
차별화 효과 · 89
참을성 · 98
창업 · 189
창업 스토리 · 189
창업자 · 172, 189
책임감 · 170
청각 · 202
촉각 · 202
촉매 · 190
총체적인 경험 · 201
최초 상기 브랜드 · 112
최초인지도 · 65
충성도 · 110, 142
충성도 평가 · 65
친구 · 152
친밀감 · 170
친숙도 · 110

ㅋ

카리스마 · 97
칼라 · 29, 100
칼라 마케팅 · 45
캐릭터 · 29, 36
커뮤니케이션 · 36
컬트 브랜드 · 186

ㅌ

타이포 · 29
탐닉적 사랑 · 171
탐색 비용 · 116
태도 · 69, 206
트렌드 · 60
특정 상권 · 27

ㅍ

패션성 · 98
패키지 · 29, 42
페르소나 마케팅 · 146
포지셔닝 · 38
품격 · 98
프로이드 · 173
프리미엄 브랜드 · 28
플랫폼 공유 · 87
플레이스 · 27

피터 파퀴 · 53

ㅎ

학습비용 · 116
행동 · 206
향수 · 152
향수 버튼 · 153
향수 마케팅 · 153
헤도닉 · 209
혜택 · 69
호모 코레아니쿠스 · 82
호스피탈리티 · 202
활동성 · 99
후각 · 202
후광 · 74
홍미 · 99
희망 · 152, 161
히트 브랜드 · 172

ACB

CBBE · 70
CM송 · 206
H.O.G · 185
PPL · 43
TOM · 112
TPO · 130

INDEX

브랜드 찾아보기

ㄱ

게스 · 100
과일나라 · 208
구글 · 34

ㄴ

나이키 · 40, 119, 191, 193
네슬레 · 171
네이버 · 84
니케 · 193
닌텐도 · 36, 111
닛산자동차 · 27

ㄷ

다시다 · 114
다음 · 84
대나무골 · 164
델 · 201
드 비어스 · 38
디즈니 · 167

ㄹ

람브로기니 · 186
렉서스 · 27
로만손 · 193
로모 · 186
로모 월드 콩그레스 · 187
로모월 · 187
롤스로이스 · 213
롯데 백화점 · 96
루이비통 · 171

ㅁ

마놀로 블라닉 · 185

마이크로 소프트 · 189
말보로 · 38, 96
말보로 맨 · 38
맘마미아 · 154
맥도날드 · 121, 122, 171
맥클라렌 · 194
메르세데스 벤츠 · 44
멜론 · 208
모리타 아키오 · 189
미쉐린 · 38
미쉐린 맨 · 38
미원 · 114

ㅂ

박카스 · 156, 185
발렌티노 · 190
밴앤제리 · 177
뱅앤 올룹슨 · 214
버지니아 슬림 · 96
버진그룹 · 166
버킷 리스트 · 194
베네통 · 150
보르도 · 208
비자카드 · 171
빅토리아 시크릿 · 118
빌 게이츠 · 189

ㅅ

산리오사 · 34
삼성전자 · 27, 185, 208
생각대로 T 캠페인 · 163
샤넬 · 190, 204
선녀와 나무꾼 · 164
소니 · 27, 189
소인국 테마파크 · 164
스우쉬 · 193
스킨푸드 · 208
스타벅스 · 37, 130, 204
스포티지 · 86
싱가포르 항공사 · 205
싱가폴 항공 · 216
싸이월드 · 40

ㅇ

아르마니 진 · 128
아르마니 콜레지오니 · 128
아모레 퍼시픽 · 44
아베다 · 168
아이폰 · 192
안나수이 · 204
애플 · 44, 51, 171, 184, 186, 194
앨비스 프레슬리 · 157
에르메스 · 184

에버랜드 • 192
에스 오일 • 206
에이스 침대 • 39
에프킬라 • 25, 111
엠프리오 아르마니 • 128
엡솔루트 보드카 • 148
옵티마 • 86
웅진 • 91
워터맨 • 126
유니레버 • 89
율동공원 • 164
이문세의 동창회 • 153
인터브랜드 • 27, 51

ㅈ

재규어 • 147
제네럴 일렉트릭사 • 189
제주특별자치도 • 185
조르지오 아르마니 • 127, 128
조반나 • 193
징글 • 41

ㅋ

캘리포니아 드림 • 205
캘빈클라인 • 175
커넬 • 37
켈러 • 97
켈로그 경영대학원 • 120
코카콜라 • 112, 184, 203, 210
코피 루왁 • 194
크래프트 • 25

ㅌ

토니 • 36
투싼 • 86
티파니 • 203, 211
팅 • 42

ㅍ

페라리 • 185
포스코 • 185
폭스바겐 • 44
프리쉬 빅 보이 • 90
플레이보이 • 171
필립 모리스 • 25

ㅎ

하드락 카페 • 159
한국 존슨 • 25
한국능률협회 컨설팅 • 64
할리데이비슨 • 184, 186, 192
할리데이비슨과 본 빌스 • 199

헬로 키티 · 34
현대자동차 · 27, 96
현대자동차-기아자동차 · 86
현대중공업 · 189, 197
현대카드 · 44
홀마크 카드 · 176
휴렛팩커드 · 189

ABC

ABBA · 154
American Express · 62
APPLE · 40
AT&T · 62
Avis · 39
BMW · 61, 62, 184, 195
Budweiser · 62
CGV 영화관 · 205
Cisco · 62
Citibank · 61
CJ · 96
Coca-cola · 40, 61
Dell · 62
Disney · 40, 61
EF쏘나타 · 86
Ford · 61, 62
GE · 61
Gilette · 62
Gillette · 62
Google · 62
Harley-Davidson · 40
Honda · 62
HP · 40, 61
HSBC · 62
IBM · 61
Intel · 61
KFC · 37
KTF · 39
LG · 27, 116
Louis Vuitton · 62
Marlboro · 61
McDonald' s · 61
Mercedes · 61
Merrill Lynch · 62
Microsoft · 61
Nescafe · 62
Nintendo · 40
Nokia · 61
Oracle · 62
P&G · 89, 171
Pepsi · 62
Ritz-Carlton · 94
Samsung · 62
SK 텔레콤 · 42, 163, 194
Sony · 62

THE NORTH FACE · 124
Toyota · 61
Von Bills · 199
Wii · 112
X-CANVAS · 116
Yahoo · 40

브랜드 아우라의 비밀

Secrets of Brand Aura

2009년 2월 27일 제1판 1쇄 인쇄
2009년 3월 3일 제1판 1쇄 발행

저 자 서용구
발 행 인 김은중
발 행 처 서울경제경영출판사
북디자인 우일미디어
주 소 120-808 서울특별시 서대문구 대현동 67-5 대현빌딩 6층
전 화 02) 313-2682
팩 스 02) 313-8860
등 록 1998년 1월 22일 제5-63호

ISBN 978-89-88106-54-9 93320
정가 13,000원